JN249160

あなたに贈る21の言葉

水谷もりひと

はじめに

この本は、前向きに生きているあなたのために書きました。
明日の自分の可能性を信じて、
「次のステージに向かって挑戦していこう」というメッセージです。

人間には、ほかの動物にはない「想像する」という、たぐいまれな才能があります。
それなのに未来に対して「不安になる」「心配する」という、
マイナスな気持ちに想像力を発揮するのはもったいないです。
「想像する」という脳の機能は、
「なりたい自分」「目指す自分」といった、
理想のために発揮するのが本来の使い方です。
「自分はできる」と思い込むのは自分の勝手です。

理想を思い描いて、そこに向かっていくのも自分の勝手です。
たった一度しかない自分の人生なのに、
誰かに遠慮して自分の持っている可能性に蓋をしていませんか？
自分の命に代えてでも、あなたを愛してくれた人、
たとえば親のことを思うなら、１００％自分の天性を発揮し、
運命に体当たりしていくべきです。
いや、愛情のかけらもない環境、たとえば虐待とか、
そんな中で育った人だって、そういう中でも生きてきた自分をもっと愛おしく思い、
その運命を抱き締め、１００％自分を大好きになってもいいじゃないですか。

鏡を覗くと、いつだってあなたが見えます。
そう、あなたはこれからもその鏡の中の「自分」という人間と
一緒に生きていかなければならないのです。

たとえば、旅行に行く時、「好きな人と一緒に行く」、

「あまり好きじゃない人と一緒に行く」、
「嫌いな人と一緒に行く」、
さて、どういう人と一緒に行くと楽しい旅行になるでしょうか。
答えは言わずもがなです。
だったら、人生という旅をお供してくれる「自分」を
もっともっと好きになって楽しい旅にしましょう。

理想を生きるということは、自分を好きになり、自分のために生きることです。
それはすなわち、誰かを幸せにし、
誰かの人生を応援することとイコールであることを、
私は50歳を過ぎたあたりから気が付きました。
だから、自分の人生が変わるような素敵な話を聴いて、
感動したり、感涙したりしたことは、独り占めせず誰かに伝えてきました。

この本は私が出会い、私の心を揺さぶった人や書籍や映画について、

はじめに

私のフィルターを通して書き綴ったものです。
この本を読んで面白かったら、
大切な人にプレゼントしてほしいのです。

この本はとても素晴らしい本です。
それはこの本の素材、
すなわちネタ元の「人」「書籍」「映画」が素晴らしいからです。

水谷もりひと

あなたに贈る21の言葉　目次

第二章　ワクワクしているあなたへ

序章

この本を読むとなぜ人生が変わるのか？

俳優・声優養成所「サラみやざき」の事務局から、在籍している研究生への研修を依頼されました。

人生が大きく変わるほどのチャンスを掴みたいと思っている若者たちです。

しかし、どんなに演技力を学んでも、どんなにビッグな夢を描いていても、昨日の続きが今日であるならば、今日の続きは明日です。

そうやって月日だけが流れていきます。

人生が大きく変わるチャンスを待ち望んでいるだけでは、それはやってきません。

「人生が変わるチャンス」は、

「人生を変える努力」をしている人にしか訪れないからです。

人生の何を変えたらいいのか分からないとしたら、
人生は何で構成されているのかを知ればいいのです。

人生は何で構成されているのか。
それは、ズバリ、「習慣」です。

「人生は習慣でできている」とか「習慣が変われば人生が変わる」
そんな言葉をどこかで聞いたことはありませんか。
「行動が変われば習慣が変わる。習慣が変われば人格が変わる」とは
アメリカの心理学者ウィリアム・ジェイムズ氏の言葉です。
かのマザーテレサも、「行動に気をつけなさい。それはいつか習慣になるから。
習慣に気をつけなさい。それはいつか性格になるから」という言葉を遺しています。
「習慣」といっても、いろいろあります。
たとえば「生活習慣」

早起き、トイレ掃除、靴を揃える、読書等々。

「何もしない」というのも、ひとつの習慣でしょう。

それから「行動習慣」
これはルーティンのことで、起床して、窓を開けて空気を入れ換えて、洗面して、神棚の水を替えて、ウォーキングをして……というような、人それぞれの、決まった行動パターンです。

「言葉の習慣」もあります。

人間関係に大きな影響を与えるもので、俗に言う「口癖」です。

愚痴や人の悪口・陰口を口癖にしている人は「類は友を呼ぶ」で、同じような言葉をいつも口にしている人たちと付き合っているものです。


「思考習慣」には多くの人が気付いていないでしょう。

講演会などで「自分はネガティブなタイプだと思っている人？」と質問すると、

半分くらいの人が手を挙げるのですが、
そもそもネガティブな人は講演会に来たりしません。
それは思い込みというものです。

習慣というものは、そう簡単には変わりません。

なぜなら、今までの習慣で今の自分が出来上がっているからです。

そして、今までの自分でそんなに困ってもいないし、

「慣性の法則」によって、昨日までの自分のまま、明日を生きようとします。

だから、習慣を変えるのは難しいのです。


まず、比較的変えやすい言葉の習慣から手を付けましょう。

つまり口癖です。

愚痴、不平不満、悪口・陰口は絶対言わないと決めましょう。

「大丈夫」「できる」「ありがとう」など、ポジティブな言葉を意識して使いましょう。

次に「思考習慣」を意識してポジティブにしましょう。

不幸なことが起きても「これにはきっと意味がある」と考えるのです。
そして「行動」を意識的に変えましょう。
笑顔のあいさつ、トイレ掃除、靴並べ、後始末等々。
やがて、それが意識しなくてもできるようになります。
そのレベルが「習慣」です。
するとどうなるかというと、出会う人が変わります。
自分の人生にプラスの影響を与えてくれる人が次々に現れます。

なぜこんな話を、「サラみやざき」の研究生にしたのかと言うと、
僕自身がそれを実証済みだからです。
ただ、僕がそのことを知って、やってみたのは40歳を過ぎてからでした。
だから、10代、20代から、いい習慣を身に付けていけば、
人生は面白い方向に変わっていくにちがいありません。
さぁ、この本にはあなたの習慣を変えるヒントがあります。
あなたの未来に光あれ。

第一章

がんばっているあなたへ

01

自分らしさと死に物狂いの努力

俳画家・木村浩子さん（86）に会いに沖縄に行きました。
彼女のことは、著書『おきなわ土の宿物語』で知って衝撃を受けたのです。

障がい者と健常者の出会いの場「民宿・土の宿」を山口県で営んでいた木村さんが、沖縄の人との交流を通して、島の人の優しさと土地の持つ過酷な歴史に心惹かれ、「ここにも土の宿をつくりたい」と思ったのは40年ほど前のことでした。

1983年、沖縄・伊江島の島民とのご縁で、
木村さんは、当時小学6年生だった娘と伊江島に移り住みました。
そして翌年、たくさんの人の協力を得て、
「民宿・土の宿」は伊江島に誕生しました。

木村さんは「脳性まひ」という、重度の身体障がい者です。

そのことを自覚したのは8歳の時でした。

前日まで一緒に遊んでいた敏ちゃんが小学生になった日です。

その日、浩子ちゃん（木村さん）は野良仕事に行く母親に背負われていました。

その母親の背中越しに真新しいランドセルを背負った敏ちゃんが見えたのです。


「敏ちゃんはどこ行くの？」

「学校よ」

「どうして私は行けないの？」

「両手が動かないし、足も悪いからよ」

「私も学校に行きたいよ」


ここで会話が途切れました。

母親の背中は浩子ちゃんの涙でびしょびしょに濡れていきました。

翌日、母親は赤いランドセルを買ってきました。
筆箱も鉛筆もノートも下敷きも入っていました。
学校へ行けぬわが子のために、という母心でした。

木村さんの転機は幾たびも訪れました。

夫を先の戦争で亡くした母親は、
まだ戦後間もない窮乏生活の中、生きていくために再婚しました。
13歳の時、その母親が病死しました。
臨終の床で「浩子、浩子、浩子の足」、これが最後の言葉でした。
まもなくして義父は再婚。
義母がやってきました。
その日から浩子ちゃんの部屋は窓のない四畳半の納戸になりました。
義父母との生活に限界を感じた16歳の木村さんは、

みんなが野良仕事に出掛けた後、動かない足を引きずって納屋に行き、「母さんのところに行きます」と言って農薬を飲みました。

目を覚ましたのは病院のベッドの上でした。

母親のところには行き損ねてしまいました。

その翌日、出血を見ました。

初潮でした。

「こんな体でも、私は成長している」

突然、体の中から新しい命が芽吹いた瞬間でした。

家に帰ると、赤いランドセルが目に入りました。

「障がいに負けるな。自分の人生は自分で切り拓け」という、母親の声が聞こえてきました。

「生きられるだけ生きよう」と誓った木村さんでした。


木村さんに教育を施したのは亡き母親でした。

遺品の雑記帳には福沢諭吉、国木田独歩、乃木希典、島崎藤村、ゲーテなど、著名人の言葉がぎっしり書かれてありました。
「世の中で一番みじめなことは教養がないこと。
一番醜いことは他人の生活をうらやむこと」
これは福沢諭吉の言葉です。
木村さんは、それらの言葉に生きるエネルギーをもらいました。

同じ障がいをもつ男性と文通もしました。
字が書けない木村さんは、
唯一動く左足の親指と第2指に鉛筆を挟んで書く練習を始めました。
2か月後、ミミズのような字を便せん1枚に5行書きました。
人生最初の手紙です。

18歳で家を出て、広島の叔父の家で暮らしました。
その2年間で獲得したことは「立つこと」と、ヨチヨチですが「歩く力」でした。

27歳の時、体の障がいを克服して生活自立をしている千葉県のあるご夫妻と出会い、その家に5か月間滞在しました。

そこで、炊事すること、食事すること、服の着脱、トイレの処置を学びました。

その後、山口に戻った木村さんは市の広報誌で俳画教室の存在を知りました。

それからというもの必死に足で絵を描き続けました。

しかし、描いた絵をどれだけ見せても、先生は首をかしげるばかり。

8か月後、「自分には画才がない」と諦めかけていた頃、初老の男性と出会いました。

「たった8か月で？　私は18歳から描いている。

まだ満足な絵は描けない。血便が出るまでやりなさい」と叱咤されました。

その夜、一気呵成に「こいのぼり」を描き、翌日先生に見せました。

先生は、「この鯉は生きている」と言って、大粒の涙を流しました。

その後、木村さんは結婚しました。

出産もしました。

そして、離婚も経験しました。

どんな時も色褪せた赤いランドセルが側にありました。


今は宜野湾市で暮らす木村さん。

パソコンのマウスを左足指で操作していました。

別れ際に木村さんはこう言いました。

「私は自分らしく生きてきただけ。

あなたも自分らしく生きてください」


木村さんが描く絵のいくつかには、木村さんの筆文字でこう書かれてあります。

「そして私が好き」

亡き母親が見たら、泣いて喜ぶ言葉でしょう。

01

がんばっているあなたへ

自分らしく生きる
それは
自分の運命を
抱きしめて
生きるということ

02

命ある限り、この人生を輝かせよう

気のせいかもしれませんが、毎年お盆頃になると、子どもを巻き込む事故や事件が多発しているように思えます。

自分の子どもや孫と同じくらいの、年端のゆかない子どもが不慮の事故で命を落としたというニュースに触れると、悲しみで胸が締め付けられます。


先日、保育園の通園バスで「車中に置き去り　園児死亡」というニュースを新聞で読んで涙が溢れました。

その直後だったので、この本を読んだ時はかなりの衝撃でした。

『1日1話、読めば心が熱くなる365人の仕事の教科書』（致知出版社）です。

『月刊致知』に掲載された記事の一部を抜粋したもので、1月1日から始まって

12月31日まで、1日1ページ、365人の「心熱くなる話」が掲載されています。

「7月31日」のページには、知的障がい者のための通所施設「のらねこ学かん」を愛媛県で運営している塩見志満子さん（85）の話が載っていました。

志満子さんは38歳の時、当時小学2年生の長男を白血病で亡くしています。

だから、4人の兄弟姉妹の末っ子の二男が小学3年生に進級した時は「もう大丈夫。お兄ちゃんのように死んだりしない」と胸をなでおろしました。

しかし、その年の夏、プールの時間に起こった事故で、その二男が亡くなったのです。

長男の死から8年後のことでした。


志満子さんが勤務先の高校から駆け付けた時には、二男はもう息をしていませんでした。

話によると、誰かに背中を押され、そのはずみでプールサイドのコンクリートに頭をぶつけ、そのまま沈んでしまったそうです。

「犯人は誰だ。学校も友だちも絶対に許さない」
志満子さんの心は怒りに満ち溢れました。

しばらくして、同じ高校教師の夫が大泣きしながら駆け付けました。
妻の心境を察したのか、夫は志満子さんを近くの倉庫の裏に連れていって、
とんでもないことを言い出しました。
「これはつらく、悲しいことや。だけど、犯人を見つけたら、
その子の両親はこれから先ずっと
自分の子どもは友だちを殺してしまった、という罪を背負って生きていかないかん。
わしら二人が我慢しようや。うちの子は心臓まひで死んだことにしよう。
校医の先生に心臓まひで死んだという診断書を書いてもらおう。
そうしようや。そうしようや」

「この人は何を言っているんだろう」と志満子さんは耳を疑いました。
しかし、何度も「そうしよう」と言うので、仕方なく夫の言うことを聞いたのです。

40年くらい前の話です。
毎年、命日の7月2日になると、
二男の墓前に花がなかった年は一度もないそうです。
誰かが花を手向け、タワシで墓石を磨いているのです。
「あの時、私たちが学校を訴えていたら、お金はもらえても
こんな優しい人を育てることはできなかった」
文章は志満子さんの、そんな言葉で結ばれていました。

子どもを亡くした悲しみから抜け出せず、
もう教師を続けられないと思った志満子さんは辞表を書きました。
校長は、「あなたを必要としているところがある」と言って、
養護学校を紹介しました。
知的障がいの子は卒業後、受け入れ先が十分ではないことをそこで初めて知り、

やがて「この子らと一緒に生きていこう」という気持ちになりました。
57歳の時、教師を辞め、退職金をすべて投入して
「のらねこ学かん」を立ち上げ、今日に至っています。

志満子さんの壮絶な人生を紹介して、
「被害者は加害者をゆるしたほうがいい」とか
「ゆるすという行為は美しい」とか、
そんなことを言いたいわけではありません。
思ったことは、自分が抱えている苦悩なんて取るに足りない、
微々たるものだということです。

まだまだ自分は甘いと思ったのです。
もっともっと頑張れると思ったのです。

02

がんばっているあなたへ

自分が抱えている
今の苦悩なんて
取るに足りない
微々たるもの
そう思った

03

赤紙を受け取った乙女たちがいた

兵庫県小野市の開業医・篠原慶希さんから、
バーコードのない一冊の本が届きました。
自費出版されたものでしょう。
同じ町に住む御年95歳の治居《はるい》冨美《ふみ》さんが書いた本です。
この本を読んで初めて、
戦時中、召集令状（赤紙）を受け取った女性たちがいたことを知りました。
冨美さんの、こんな言葉がありました。
「『明日があるから』なんて思えない時代でした」
「大げさではなく一秒先も考えることができなかった時代に、
今日を懸命に生きることがどんなに素晴らしいかを知りました」

91歳になった平成28年、冨美さんは衝動的にペンを執り、半生記を書き上げました。

タイトルを『今日を生きる』としました。

1枚の赤紙で戦地に送られたのは男たちだけではありませんでした。

日本赤十字社（日赤）の看護婦たちにも、それは来たのです。


冨美さんが赤紙を受け取ったのは、昭和18年4月10日、18歳の時。

北海道北見市の日赤看護婦養成所を卒業したばかりでした。

あの頃、看護婦の卵たちは従軍看護婦に憧れていました。

卒業生の中から成績優秀な5人が選ばれ、その1人が冨美さんでした。

赤紙を受け取って5人は心から歓喜したそうです。

そこには「4月14日、札幌集結」と書かれてありました。


冨美さんには、70年経っても忘れられない日がいくつもあります。

同年4月13日もその一つです。

その日、故郷・礼文島から10時間かけて、母親（48）が、9歳と13歳の2人の妹をつれて札幌の宿にやってきました。
礼文島の村長が「生きて帰ってこられるか分からない。
出征前の娘に会ってこい」と、小樽まで特別船を出してくれたのです。
赤飯、海苔巻き、生菓子、当時としては手に入りにくいご馳走が並びました。
食べながら冨美さんは涙で母の顔が見られませんでした。
一瞬だけ目が合ったとき、母の瞳も真っ赤に充血していました。

夜は4人で枕を並べました。
冨美さんは母の背中に顔をつけ、両手で妹たちの手を握って寝ました。
いつまでも涙が止まりませんでした。

翌朝、札幌駅で3人を見送った後、
冨美さんは、誰もいない駅の洗面所で声を上げ、一生分の涙を流しました。
そして、「もう泣かない」と覚悟を決めました。

配属されたのは中国・上海第一陸軍病院で、
内科、外科、伝染病科を3か月交替で勤務しました。
いずれの科にも、昼夜を問わず瀕死の兵士が搬送されてきました。
毎日が睡眠不足で、気が付くと歩きながら眠っていたこともありました。
恐ろしいのは伝染病科で、赤痢、腸チフス、マラリア、結核等々、
それらに感染して命を落とす看護婦もいました。

昭和20年8月15日、終戦を迎えた後も医療活動は続きました。
各地に点在していた兵士が続々と港のある上海に集まり、
同時に負傷兵の数も急増しました。
皆、骨と皮だけでした。
終戦を迎えてから無念の死を遂げる兵士も少なくありませんでした。
忘れられない日、昭和21年1月10日もまたその一つ。
帰国船が博多港に着いた日です。

帰国船には負傷兵護送の任務で乗りました。

博多港で負傷兵をそれぞれの出身地に送り出した後、やっと「任務完了」の声を聞きました。


北見看護婦養成所の同期5人は、そこから北海道に向かいました。

途中、汽車の車窓から爆撃跡の瓦礫と化した街並みが見えました。

東京では日赤の制服を見て、戦争に加担したということで5人に罵声を浴びせる人もいました。


函館駅に着いた時は空腹と疲労で駅の片隅にへたり込んでしまいました。

その時、初老の男性が近寄ってきてこう言ったのです。

「従軍看護婦さんですね。ご苦労さんでしたね」

涙声でした。

「買い出しに行ってきたんですよ」と言って、家族のための食べ物を少し分けてくれました。

大雪の日でしたが、故郷の人の心の温かさに触れ、５人は泣きながら食べました。

忘れられない日はまだあります。

同年1月20日、冨美さん21歳の誕生日の日です。

その日、冨美さんは生きて故郷・礼文島に帰ってきたのです。

その後、結婚で兵庫県に移り住み、70年の歳月が流れました。

ある日、ふと「自分は今生かされている」ということに気付き、

思わず書かずにはいられない衝動にかられ、

冨美さんはかつての同志のためにペンを執ったのです。

赤紙1枚で兵士と共に戦場で闘った乙女盛りの看護婦は約３万５０００人。

うち約１２００人が戦死しました。

03

がんばっているあなたへ

私たちは
生かされている
それに気付いたとき
とてつもない力が
湧いてくる

04

眠っている遺伝子をオンにしてみよう

「なんでこがんなるまでほたっといたんだ!」

平成18年5月1日、工藤房美さんは熊本市民病院の医師から怒鳴られました。

末期のがんが見つかったのです。

48歳の時でした。

家には心を病んでいる夫と高校3年生を頭に3人の息子がいました。

検査に2週間かかり、明日はいよいよ手術という日、主治医が言いました。

「がんが広がり過ぎていて手術ができません」

あまりのショックで涙も出ませんでした。

帰宅して、3人の息子たちに遺書を書きました。

長男には「あなたを誇りに思う。これからも堂々と自分の好きなことをやりなさい。
病気になってごめんね。大好きだよ」
高2の次男には「楽しいことを見つけることが得意だから
好きなことを見つけて楽しんで生きて…」
小6の三男には「大変なときは我慢しないで周りの大人の人に助けてもらいなさい。
お兄ちゃんたちと3人で協力したらなんでもできるよ……」

「愛している」
「あなたたちの母親になれてよかった」
「あなたたちを最期まで愛し抜く」ということを精一杯伝えました。

扁平上皮《へんぺいじょうひ》がんという、
内部が空洞になっている臓器の粘膜に発生するがんでした。
主治医から「ラルス」と呼ばれる治療法を告げられました。
「痛くて苦しい治療です。これを3回します」と。

治療の日、看護師から、
「痛み止めも麻酔も使いません。タオルを口に入れます。
耐えるしかありません」と説明を受けました。
その後、1時間かけて器具が取り付けられ、体が固定されました。
1ミリも動けなくなった工藤さんの口にタオルが入れられました。

痛いとか苦しいというレベルのものではありません。
1時間、手が動かせないので溢れる涙も拭えません。
口が塞がれていて悲鳴も上げられません。
「治療ではなく拷問だ」と工藤さんは思いました。

その夜、「なんでがんになったんだろう」と自分を責めました。
がんを告知された時には出なかった涙が一晩中枕を濡らしました。

2回目の治療の前日、三男の小学校の先生から一冊の本が届けられました。

筑波大学で長年遺伝子を研究してこられた村上和雄先生の『生命の暗号』という本でした。

最初はうつろな目でページを開いていた工藤さんでしたが、次第にその目が大きく開いていきました。

胸の鼓動が高鳴りました。

読み終えたのは夜中の2時でした。

「人間には約60兆個の細胞があり、その一つひとつに遺伝子があって、一つの遺伝子には30億もの情報が書き込まれている。

ところが人間の遺伝子のうち実際に働いているのは全体のわずか5％しかない」

ということが書かれてあったのです。

「眠っている95％の遺伝子を少しでもオンにすることができれば元気になるのではないか」、そう思ったら、ワクワクしてきました。

大声で「ばんざーい」と何度も叫びました。

工藤さんは決心しました。

「私の命はもう長くないかもしれないけど、今まで私を支えてくれた一つひとつの細胞と遺伝子にありがとうを言ってから死のう」

まず目や耳、手足、心臓、胃など、健康なところに「今までありがとう」とお礼を言いました。

抜けていく10万本の髪の毛一本一本にも「ありがとう」を言いました。

闘病生活は「ありがとう」を言う生活に変わっていきました。

さらに、患部のがん細胞にもお礼を言いたくなりました。

「正常な細胞だったのに私の思考の癖や歪んだ生活を教えてくれるためにがん細胞にさせてしまってごめんなさい。そして、ありがとう」

詳細は工藤房美著『遺伝子スイッチ・オンの奇跡』（風雲舎）に委ねるとして、「余命1か月」と宣告されていた工藤さんはその後どうなったと思いますか？

がんの告知から10か月後、

子宮と肺と肝臓にあったがんはきれいに消えてしまったのです。
今は熊本市内で「ロータス」というカレー専門店を経営しています。

著書の中で工藤さんは「良い遺伝子をオンにするコツ」をまとめています。
①どんなときも明るく前向きに考える
②思い切って今までの環境を変えてみる
③人との出会い、機会との遭遇を大切にする
④感動する。笑う。ワクワクする
⑤感謝する
⑥世のため、人のためを考えて生きる。

04

がんばっているあなたへ

体の中の
すべての臓器、
すべての細胞に
100万回の
「ありがとう」を

05 苦しみや悩みにこそ意味がある

電池で動くおもちゃのロボットがあるとします。
誰かが電池を入れてスイッチをオンにします。
ロボットはガーガー音を出しながら動き出します。
今どきそんなおもちゃで遊ぶ子どもなんていないと思いますが、
もしそのロボットに意思があったらどうでしょう。

「俺はぬいぐるみと違って動き回ることができる」と得意になるかもしれません。
本当は自分で動いているわけではないのに。
自分を超えた別の存在がいて、その存在が電池を入れて動かしているのに。
そのことに気付く日が「彼」に来るでしょうか。

『ぼくの命は言葉とともにある』（致知出版社）の著者・福島智《さとし》さんは、
ある極限状態の苦悩の中で「自分はなぜ生きているのか」と問い続けました。
そして長い思索の旅の途中で
「自分は自分の力で生きているのではない」ことに気が付きました。
「明日までの命です」と告げられもせずに突然の事故や災害で亡くなる人もいる中、
自分は今生きているという事実。
「何者かが自分を生かしているに違いない」と思えてきたといいます。

この本は兵庫県尼崎市にある小林書店から送られてきました。
年会費を払うと店主・小林由美子さんの選書が毎月1冊届く「本の頒布会」です。
読みたい本は自分で選ぶのもいいのですが、
人が勧めてくれる本の中に、
案外人生が揺り動かされるような出会いがあったりするものです。

その福島さんの本には「極限状態」という言葉がよく出てきます。

彼は、原因不明の病気で3歳の時に右目、9歳の時に左目の視力を失いました。

小学生の頃は、音楽や落語を聴くことに楽しみを見出しました。

中学生になると、今度は右耳が聞こえなくなりました。

高校は盲学校に進んだ福島さん。

2年生の冬休みに左耳が徐々に聞こえなくなり、3か月後、最後の聴力が途絶えました。

見えない、聞こえない、そんな障がいをもった人を「盲ろう者」といいます。

今日本には約2万人の盲ろう者がいるそうです。

その状態を福島さんはこう説明していました。

「単に見えない、聞こえないというのではなく、自分の存在が自分で認識できない。自分がこの世界から消えてしまった感覚です」

「こんな状態で生きていく意味があるのか」

18歳の福島さんに苦悩の日々が始まりました。

後に、ＳＦ作家・小松左京の小説にハマった彼は、自分の極限状態をユーモラスにこう考えるようになりました。

「宇宙探検に行って事故に遭遇し、無人の惑星に不時着する。宇宙船には食料も酸素もあり、通信機器も使えるが、太陽光が届かないので真っ暗闇、しかも音もない。そんな星に1人残されてしまったようなもの」


そして、「置かれた環境が様々な制約を受ける中でも、人間は生きがいや楽しみを味わうことができるのだろうか」

それが福島さんの人生のテーマになりました。


盲学校卒業後、大学に進学しました。

クラスメイトは福島さんの存在に衝撃を受け、彼と話がしたくてみんな指点字（※読み手の人差し指、中指、薬指の左右3本ずつの指を点字タイプライターの6つのキーに見立てて指に直接打つ方法）を覚えました。

ある日、友人の1人から、
点字に訳された吉野弘の詩「生命《いのち》は」をプレゼントされました。

「生命は／自分自身だけでは完結できないように／つくられているらしい」

こんな出だしの詩でした。

そしてこんな内容が続いていました。

花はめしべとおしべがあるだけでは不充分で、
そこに虫や風が訪れて初めてめしべとおしべは、自分たちの存在を確かめ合う。
誰も自分が誰かの欠如を満たす存在であることを知らないし、知らされていない。
お互い無関心な間柄かもしれない。
しかし、知らないうちに「私」は誰かの欠如を満たしている。
誰かが「私」の欠如を満たしてくれている。
世界はそのように「他者の総和」で構成されている、と。

読みながら福島さんの指が震えました。
こんな自分が生きていくことで、周りの人が「虫」や「風」になってくれる。
自分はただ生きているだけで誰かの「虫」、誰かの「風」になれる。
そう思えてきたのです。

「今も苦悩の日々です」と福島さんは言います。
しかし彼は「苦悩にこそ意味がある」と考えています。

「何者かが自分に苦悩を与えているのだろう。
その苦悩は自分以外の誰かの命を輝かせるために
どうしても必要なものなのだろう。
それが使命なら果たさなければならない。
それが運命ならくぐらねばならない」と。

05

がんばっているあなたへ

知らないところで
わたしは誰かの
役に立っている
だから、今の苦悩にも
意味がある

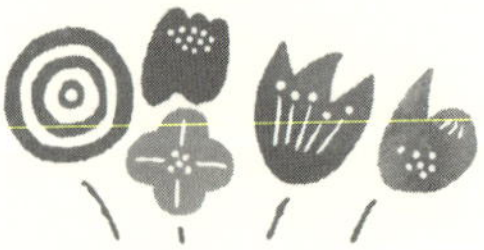

06
人生はこういうふうになっている

終戦直後、何もなかった時代に日本人は物を作るしかありませんでした。
作った物は何でも売れました。
そんな時代がありました。

60年代に入ると物が溢れる時代になりました。
作った物をいかに売るか、営業力がモノを言う時代になりました。
物を作っていた会社は買ってくれる人を求めて地域から全国へ、
そして海外に出て行きました。

長野県松本市でギターやヴァイオリンを作っていた
「富士弦楽器製造」（現・フジゲン㈱）の社長、三村豊さんもアメリカ進出を狙っていました。
社長は、一緒に会社を立ち上げた専務の横内祐一郎さんに
アメリカ行きを命じました。
二人は30代、中学時代の同級生でした。

社長は英語のできない横内さんに、
「店に入り、ギターを見せて、『買ってください』と言えばいいんだ。
何とかなる」と言って送り出しました。

ニューヨークに着いた横内さんは電話帳で楽器店を探しました。
125軒ありました。
4本のギターを抱えて、1軒1軒、飛び込みました。
英語でセールストークはできましたが、ヒアリングができません。
唯一聞き取れた英語は「ゴーホーム！（帰れ！）」でした。

門前払いの日々が続きました。

「アポイントなしでは話ができない」ということが分かったのは3か月経った頃でした。

持参したお金が残り少なくなりました。

会社に電話して送金を頼むと、
社長は「3か月も経つのにまだ注文がない。

注文が来るまで送金はしない」と憤慨しました。

食事は1日1食、ホットドッグ一つになりました。

アパートから電話でアポイントを取ろうとしましたが、
電話だとなお一層相手の言っていることが聞き取れません。

「来い」なのか「ダメ」なのかが分からないのです。

とりあえず行ってみると、「今日はノーと言ったじゃないか」と怒鳴られました。


さらにひと月が過ぎました。

ある日、鏡を見たら、痩せこけた惨めな自分がいました。

涙が溢れました。
4か月分の悔しい涙を出し切って、
もう一度奮起し、アパートを出て店に飛び込みました。
それでも相手にされませんでした。
6軒目の店では2人の店員に両脇を抱えられて追い出されました。

「やるだけのことはやった」と横内さんは思いました。
セントラルパークのベンチに座って沈む夕日を眺めていたら、
ふるさとの松本が思い出され、涙が流れました。
ふと年老いた母親が自分のために祈っている姿が浮かんできて、
また泣けてきました。

そこに中年の男性が通りかかりました。
「なぜ泣いているのか」と聞いてきました。
横内さんは思わずその男性の胸に飛び込んで泣きました。

散々泣いた後、「自分は仕事でアメリカに来たが、会話ができずうまくいかない」と片言の英語で話しました。

男性は「妻があなたのお役に立てるかもしれない」と言って、家に案内してくれました。

その晩、横内さんのために部屋が用意されました。

翌朝から奥さんの英語特訓が始まりました。

「教え方がうまかった。奥さんの言っている英語が全部分かるんだよ。英語ってこういうふうにできていたのかと驚いた」と横内さん。

結局、その家に2週間滞在しました。

10日経った頃、奥さんが「ベトナム戦争についてどう思う?」と聞いてきました。

横内さんは夢中で自分の意見を述べました。

自分でも驚くほど5分も10分も英語で話していました。

話し終わった横内さんを奥さんは立ち上がって抱きしめ、「ものすごい進歩よ」と言って涙を流しました。

不思議なことが起きました。

アパートに戻り、最初の電話でアポイントが取れ、店に行くと、300本のギターの注文が取れたのです。

ハンカチで涙を拭きながら注文書を書きました。

店を出たら、びしょびしょに濡れたハンカチから水滴がしたたり落ちました。

「人生ってこういうふうになっているんだ」と横内さんは天を仰ぎました。

その後、2か月かけて全米を回り、約1万本、20万ドルを成約させました。
ニューオリンズではギターの神様ジョージ・ベンソンと出会いました。
後に彼はフジゲンのギターを愛用するようになり、
フジゲンのギターは一気に世界のブランドになりました。

改めて思います。

「成功者の人生ってこういうふうになっているのか」と。

06

がんばっているあなたへ

「やれるだけのことはやった」
自分にそう言って
泣いたことがありますか
それからです
天使が舞い降りてくるのは

07 クレージーな夢を叶えることの意味

人は誰しも夢を見ます。

見るのは自由だし、勝手です。

「新薬を開発して難病で苦しむ患者を救いたい」とか、

「発展途上国に行って井戸を掘りたい」など、

誰かの役に立つ夢や人類の発展に寄与する夢もあれば、

「エベレストに登頂したい」とか、

「自転車で世界一周したい」など、

個人的で、かつ命のリスクを伴うクレージーな夢もあります。

とある講演会で聴いた岩本光弘さんの夢は後者でした。

それは相当クレージーなものでした。

全盲の彼が「ヨットで太平洋を横断したい」というのです。

視力が衰え始めたのは13歳の時でした。
3年後には完全に光を失いました。
「危ないからこれを使いなさい」と母親から白杖《はくじょう》を渡されましたが、
見えない現実を受け入れられない岩本少年は白杖を投げ捨て、
母親が一番悲しむであろう言葉を吐きました。
「なんで俺を生んだんだ。俺は生まれてこんほうがよかった」

16歳のとき、人生絶望の淵に立ちました。
橋から飛び降りて死のうとしました。
欄干に何度もよじ登るのですが、手は動くのに足が動きません。
疲れて近くの木陰にへたり込んだら、いつの間にか寝てしまいました。
その時、数年前に他界した伯父が夢に出てきました。
自分をわが子のように可愛がってくれた伯父はこう言いました。

「見えなくなったのには意味がある。
おまえが前向きに生きれば多くの人に勇気と希望を与えられる」
意味は分かりませんでしたが、
「死んではいけない」ということだけは分かりました。

盲学校では、先生が「これで世界中の人と友だちになれるぞ」と言って、
アマチュア無線を教えてくれました。
当時はインターネットもスマホもありません。
その無線機から英語が流れてきました。
でも聞き取れません。
岩本さんは「英語を学ぼう」と思い立ち、
盲学校卒業後、アメリカに留学しました。
そして、「見えないから無理」と思わないことにしました。
やりたいことが見つかったら、とにかく挑戦する。
そんなことを繰り返しました。

だから、素敵なアメリカ人女性と結婚もできました。
35歳の時、妻キャレンさんから誘われてヨットに乗りました。
視覚障がい者と晴眼者がチームを組んで航海を競う、
「ブラインドセーリング」です。
彼はその競技者になりました。
数年後には世界大会に出場するほどの腕前になりました。

やがて、「ヨットで太平洋を横断したい」というクレージーな夢を描き始めました。
ひょんなことからテレビキャスターの辛坊治郎さんと出会いました。
辛坊さんは、岩本さんのクレージーな夢に引き込まれました。
二人は2013年6月、たくさんの報道陣と市民に見送られ、
福島県の小名浜港を出港しました。

詳細は岩本さんの著書『見えないからこそ見えた光』（ユサブル）に譲るとして、

3日目と4日目には大嵐に遭遇し、九死に一生を得ました。

そして運命の6日目。

ヨットがクジラと衝突し、浸水したのです。

2人は命からがら救命ボートで脱出し、太平洋を漂流しました。

海上自衛隊に救出されたのは11時間後でした。


人生2度目の絶望はこの後に訪れました。

ネット上の凄まじいバッシング。

素性の知れない人たちからの誹謗中傷。

「全盲にもかかわらずヨットで太平洋横断」という夢に挑戦するほどの精神力を持つ岩本さんでも打ちのめされました。

家を1歩も出られなくなりました。


半年が過ぎた頃、家でボーっとしていたら、

「見えなくなったのには意味がある」という、

16歳の時に聞いた伯父の声が聞こえてきました。

ふと岩本さんは思いました。

「クジラと衝突したのにも意味があるのではないか」

そこから、再びあのクレージーな夢と向き合い始めました。

「もう一度、太平洋横断に挑戦しよう」と。

そしたら、クレージーな男が現れました。
アメリカ人ダグラス・スミス。
「あなたは目が見えないけどヨットの技術はある。
私はヨットのことは知らないけど目が見える。
2人でやれば夢は叶う」と無茶苦茶なことを言ってきた男でした。
2019年4月、2人は見事、クレージーな夢を叶えたのです。
マスコミは「全盲で世界初の太平洋横断」と絶賛しましたが、
岩本さんはこんなことを記者団に返しました。

「僕よりすごいのは、ヨットのことを何も知らないのに、全盲の僕が操縦するヨットに乗り込んできたダグラスです」

「クレージー」は和訳すると放送禁止用語の日本語です。

ですが、案外そんなおかしな連中が社会を、

そして時代を変えてきたのです。

クレージーな夢を叶えるということは、

そういうことかもしれません。

07

がんばっているあなたへ

あなたは素晴らしい
あなたを育てた親は
もっと素晴らしい
もちろん
あなたを応援している人も

第二章　ワクワクしているあなたへ

08

「今」を励ます過去の自分、未来の自分

劇団「いかがなものか」のお芝居を観に行きました。

演題は『22才の別れ～あの頃のフォークソングの物語』です。

フォークソングが流行っていた1970年代に青春期を送っていた世代にとって、強烈なノスタルジックな演題です。


初老の男女が公園のベンチに座っているシーンがありました。

通りかかった高校生のカップルを見て、二人は青春時代を振り返ります。

男性が、「一つだけ後悔していることがある」と言いました。

卒業式の日、後輩の女の子から「式の後で待ってます」と言われ、待ち合わせの場所を告げられました。

しかし、男性はその場所に行かなかったのです。

50年経った今でも思い出すと胸が痛むと話していました。

女性は言いました。

「今からでも遅くないわ。会いに行ってあげて」


場面変わって、小雨がぱらつく中、制服姿の女子高生が立っています。

還暦を過ぎた男性が傘を差し出します。

女の子は「来てくれたのね。ありがとう」と言って去っていきました。


ヤマト・ユダヤ友好協会の赤塚高仁さんから似たような話を聞きました。

赤塚さんが8歳の時のことです。

彼の友だちは、銀行幹部や会社社長の息子たちが多かったそうです。

自分で選んだのではなく、母親がそういう子たちに、

「うちの息子と遊んで」と頼んで、仲間に入れてもらったのです。

一緒に遊びながら、皆から疎んじられているように感じていましたが、

赤塚少年はその中でいつもおどけていました。

友だちの誕生パーティーに誘われたことがありました。
その日はバス停で待ち合わせをし、皆で虫捕りに行き、
その後、その子の家でパーティーをすることになっていました。
ところが当日、待ち合わせのバス停に誰も来なかったのです。
2時間近く待った後、赤塚少年は、とぼとぼと家に帰りました。
母親は息子を車に乗せ、その子の家に連れていき、
「ごめんな、遅くなって。この子がしっかりしてないもんやから」
そう言って帰ってしまいました。
その家の子から「本当に来やがった」という目で見られました。
それからの時間は地獄でした。
赤塚少年は一人、気の抜けたサイダーを飲み、食べ残しのケーキを食べました。

帰りはその家の近くのバス停にたたずみながら、

「このまま道路に飛び出して車にはねられようか、
それとも目の前のビルの屋上から飛び降りようか」と考えていました。
やがてビルに向かって歩き出した時、知らないおじさんが話し掛けてきました。
おじさんの話を聞きながら一緒に歩き、気がつくと家の前に着いていました。

あれから約50年の月日が流れました。
赤塚さんは、あるセミナーのワークショップに参加していました。
講師から、「赤塚さんの足に子どもがしがみついています。
その子が『ビルのほうに行ったらあかん』と叫んでいます」と言われました。

56歳の赤塚さんは、記憶を巻き戻しました。
バス停からビルに向かって歩き出した日の風景が蘇りました。
「お前、今日はよう頑張ったな」と話し掛けてきたおじさんがいました。
おじさんは「ほんまにようやった。もう大丈夫や。
あのな、これからたくさん友だちができるからな。

いいことがいっぱい起こる。だから心配は要らん。一緒に帰ろうな」
そう言って、家の前まで送ってくれました。
「あのおじさんは未来から来た僕だった」と赤塚さんは思ったのです。

この話を聞いて2年前、ある人に勧められた「交換日記」を思い出しました。
「交換日記」の相手は「10年後の自分」です。
仕事に行き詰まるとその日記を開き、「10年後の自分」に相談するのです。

2、3日後、自分で「10年後の自分」になりきり、返事を書きます。
「大丈夫!」「心配ない」と。
赤塚さんのような衝撃的な体験にはなりませんが、
「10年後の自分」からの返事に救われることが、時々あります。

08

ワクワクしているあなたへ

自分を
諦めないで！
その自分が
いつかあなたを
助けに来る

09　世の中は愛に満ち溢れている

「兵庫県尼崎市におもしろい本屋さんがある」と知人から聞いて、小林書店を訪ねたのは数年前のことでした。
本屋で傘を売っていたのです。

数年後、小林書店とその店主の小林由美子さんをモデルにした小説、『仕事で大切なことはすべて尼崎の小さな本屋で学んだ』（ポプラ社）が出版され、驚きました。

小説の主人公は大森理香。
大手出版取次「大阪」の新人社員です。
大阪支店営業部に配属されるも、理香は大失態をやらかしてしまいます。
落ち込む理香に上司は、小林書店の由美子さんを紹介するのです。

その本のタイトルはまさに大森理香の言葉なのです。

ちなみに「出版取次」とは、出版社と書店を結ぶ本の問屋さんで、
全国の書店にとってはなくてはならない存在です。

突然ですが、あなたはどんな時に傘を買いますか？
外出先で雨に降られて仕方なくコンビニで買うビニール傘ではなく、
きちんとした自分用の傘です。
その際、店員が熱心に薦める傘を購入した経験はありますか？

１９９５年１月17日、半壊した店の前で由美子さんは立ち尽くしました。
阪神淡路大震災です。
後日、修繕の見積もり８００万円に腰が抜けました。
当時、本を買い求める人は大型書店に流れ始め、

街の小さな本屋の経営が厳しくなりつつある時代でした。
そこに起きた大地震。
もう店を畳むしかないと思った由美子さんでしたが、
小林書店には根強いファンがいました。
「その人たちのためにも続けていきたい」
由美子さんが何か新しい販路を考えていた時、雑誌の記事が目に留まりました。
傘のメーカー「シューズセレクション」社長のインタビュー記事でした。
直感で「うちで売りたい」と思いました。
会社に問い合わせると、「本屋さんで傘は……」と言われましたが、
由美子さんは必死で粘りました。

本社からやってきた若い営業マンに、由美子さんは思いの丈をぶつけました。
2時間しゃべりまくった由美子さんに彼はこう言いました。
「無理だと思います。この2時間、お客さんは3人だけでした。
うちの傘は買い取りです。返品できません。リスクが高すぎます」

彼は、交通費をかけて東京から尼崎に来ていました。
契約しないで帰ると、損をするのは彼の会社です。
それでも正直に言う彼の姿勢に由美子さんは感動し、
「代金は前払いします」とくらいつきました。
「うちの傘は店に置いているだけでは売れません。
商品の良さを説明して売ってほしいのですが、
それができますか？」と言ってきたのです。
その言葉に由美子さんは心の中でつぶやきました。
「誰に言うてんねん。うちの店で黙って売れる本なんて一冊もないで」
最小限の数を卸してくれることになり、後日、２５０本の傘が来ました。
由美子さんは「１か月で売ったる」と思いました。

来店する客はもちろん、台車に乗せて商店街の人たちにも売り歩きました。
由美子さんの説明を聞いて買わない人はいませんでした。
１週間で完売、かくして取り引きが始まりました。

あちこちのフリーマーケットでも売りまくる由美子さんに、
ショッピングモールから出店の話まで来ました。

小説の中で由美子さんは、大森理香に愛情の話をして
「傘の話」を締めくくっています。
傘は、冷たい雨に濡れないように考えに考えて作られた、
愛情のこもった商品であること。
傘を売る時は傘屋になって売っていること。
作った人の思いを命懸けで伝えていること、等々。

よくよく回りを見てみると、
商品というものは、どれもこれも使う人のことを考えて作られています。
愛情溢れた商品なんですね。
だから私たちは仕事に人生を懸けるのです。

09

ワクワクしているあなたへ

部屋の中を
見回してみて
どれもこれも
あなたのために
やって来たものです

10　あんまり「くりまらない」でいこう

時々、高名な方の著書を読んでいると、「人生初」という言葉に出会います。
先日は、とある本で「たゆたう時の流れ」という言葉と出会いました。
偶然にも「《出合う》と《出会う》は使い分けられる」という内容の話でした。
「《合う》《会う》《逢う》《遭う》《遭う》の五つは、
それぞれ意味合いが違う」という展開になり、そしてこう続いていました。
「《逢う》だけは《逢う》に至るまで紆余曲折あった『たゆたう時の流れ』を、
ふくみこんで《逢えた》ことをいとおしんでいるように思える」
(佐久間勝彦著『教えない「教える授業」』一莖書房)
「たゆたう時の流れ」とは、前後の文脈からして、
「ゆったりとした時間の流れ」かと思いきや、違っていました。
広辞苑によると「かなたこなたへゆらゆら動いて定まらない」という意味です。

主に古典文学の中で使われている言葉です。
そんな状態を、たった4文字に込める先人の感性の豊かさに感動しました。

山﨑努主演の映画『長いお別れ』にも不思議な言葉が出てきます。
「くりまらない」「ゆーっとやろう」という言葉です。
その言葉はどんな場面で出てきたかというと、こんな背景です。
主人公・東昇平は元中学校の校長です。
認知症がじわじわと昇平の語彙を奪っています。
妻の曜子は献身的に介護をしていますが、だんだん1人で看切れなくなり、
時々近くに住む娘の芙美に助けてもらっています。
その芙美は、恋人と暮らしていましたが、
彼が家庭の事情で田舎に帰ることになり、別れてしまいました。
仕事ではワゴン車で移動式のカレー屋を始めた芙美でしたが、
仕事もいまいちうまくいきません。

ある日、徘徊を始めた父を探していた芙美は、
若者と一緒に歩いている父を見つけます。
若者にお礼を言うと、芙美の中学時代の同級生・道彦でした。
その時、道彦は離婚して今は独り身だということを芙美は知ります。
そこから2人は急接近し、やがて一緒に暮らし始めます。

そんな時に、東日本大震災が起きました。
震災後、人と人との関係に変化が現れました。
それまでは殺伐としていたのに、
急に「繋がりたい」「絆が大切」という空気が社会全体に流れ始めたのです。

道彦には4歳の娘がいました。
娘の「パパと会いたい」の一言で、
彼は元妻、そして娘とひとときの時間を過ごすことになりました。
約束の公園に行く日、芙美は女の子の名前入りのクッキーを焼いて、

道彦に持たせたのですが、彼はそれを玄関に置いたまま出掛けてしまいました。

「忘れて行った」と思った芙美は、クッキーを持って公園に向かいました。

公園に着くと、3人が楽しそうに遊んでいるのを遠目に見てしまいます。

そんな時に「少しの時間、お父さんの相手をしてあげて」という母親からの電話。
実家の縁側で、芙美の持ってきたクッキーを無表情で食べる昇平。
その横で、恋も仕事もうまくいかない芙美が涙声で言います。
「お父さん、私、またダメになっちゃった。
お父さん、繋がらないって切ないね」、
そう言ってぽろぽろ泣く芙美に昇平が言います。

「まぁ、そう、くりまるな」

「くりまるな?」と返す芙美。

「そう、くりまるな」

「でも……くりまっちゃうよ。だって震災の後、みんな繋がろうとしているのに……」
「そんな時はゆーっとやるんだ」と昇平は娘を励まします。

映画の原作は、直木賞作家、中島京子さんの同名の小説です。
中島さんの実体験に基づくものだそうです。
認知症を患った父親は中島さんに、
「くりまるな」「ゆーっとやるんだ」と言ったのかは分かりませんが、
新しい言葉は、たくさんの人が使い出すと、広辞苑に載るそうです。

この言葉が世の中に広がったらいいなと思いました。
その時、広辞苑の編集者は「くりまる」という言葉に
どんな意味を付けるのでしょうか。

10

ワクワクしているあなたへ

あんまり
くりまらないでね
ゆーっとやろう！
何となく
意味わかるよね

11　大丈夫、トンネルの先には光がある

幼い頃から数多くのトンネルをくぐってきましたが、
「このトンネルは、誰が、どうやって掘ったのだろう？」と、
考えたことはありません。
いつも完成したトンネルを、当たり前のように通り抜けてきました。

昔、青函トンネルに命を懸けた男たちの映画を観たことがありますが、
身近なところにあるトンネルにも作業員の大変な苦労があったのだろうと、
土木に魅せられた写真家・山崎エリナさんの、
『トンネル誕生』（グッドブックス）という写真集を見ながら、思いました。

写真集は、トンネルを掘り始める前の山の斜面の写真から始まり、

神事、発破、そして巨大な掘削機が進んだその先にある小さな光、
即ち、貫通の瞬間までが前半。
後半は、トンネルができるまでの具体的な工程が、
何とも言えない神々しい迫力でカメラに収められています。

完成する前の暗いトンネルの道を山崎さんは、
「母が子を産む産道のような神秘さがある」と表現していました。
工事の最後に「泡吹地《あわふくじ》トンネル」と刻まれた銘板が、
トンネルの入り口に取り付けられた時、
「生まれてきた子供に命名したような、
愛おしい気持ちがあふれて泣きそうになった」と書いていました。
女性写真家ならではの表現に圧倒されました。

前が見えないどん詰まり状態の時、人は「出口のないトンネル」と表現します。
卓球の石川佳純選手もそうでした。

ロンドン五輪に次いでリオデジャネイロ五輪でも
団体戦でチームをメダルに導いた彼女は世界ランキング3位となり、
2020年東京五輪の個人戦でも「金」が期待されていました。

ところが2019年夏、石川選手は「暗いトンネル」に入ったと、
NHKスペシャル番組が伝えていました。
ヨーロッパ遠征でことごとく負けを経験しました。
ブルガリア大会では中国の若い選手に、チェコではライバル平野美宇選手に、
そしてドイツでは世界ランキング72位の選手に完敗しました。
負ける度、「なんで負けたのか分からない」と肩を落としていました。
「次は何が何でも勝つ」と意気込むのですが、また負けると、
「負けられないという気持ちだけが空回りしている」と泣いていました。
2016年のリオデジャネイロ五輪個人戦の悪夢が蘇りました。
まさかの初戦敗退。

あの時も「何としてもメダルが欲しい」という気持ちでいっぱいだったそうです。

番組の終盤、ドイツ大会直後に落ち込んでいた石川選手が、
笑顔でカメラの前に出てきました。
何か吹っ切れたような顔でした。
「勝ちた過ぎるとダメですね」と一言。
「勝ちた過ぎる?」、聞いたことのない日本語でした。
「『勝ちたい』『結果がほしい』ばかりだと何をやってるのか分からなくなる。
『なるようになる』という気持ちにならないと……。
次の試合がちょっとだけ楽しみになりました」と笑ったのです。
不思議なことに、次の試合から石川選手に勝ち星が戻ってきました。
世界ランキング8位まで落ちましたが、また3位にまで駆け上がってきました。
私たちはこんな境地になるまで自分と格闘したことがあるでしょうか。
27歳の石川選手の気迫に教えられました。

いや、年齢なんて関係ありません。

暗闇の中で光を見つける人から学べる人だけが、自分の光を見つけるのです。


「泡吹地《あわふくじ》トンネル」を請け負った寿建設の森崎英五朗さんは、日本トンネル専門工事協会の組織広報委員を務めています。

「トンネル貫通の写真をインスタグラムにアップすれば、コロナ禍で苦しむ人に希望を与えるのではないか」

そう思い立ち、同業者に声を掛けました。

貫通し、光が差し込んだたくさんのトンネル工事現場の写真が集まりました。

この取り組みが2020年の「土木広報大賞」を受賞しました。


出口がないのは洞窟です。

トンネルには、進み続けると必ず光が差す瞬間があります。

だからトンネルには物語があり、人生があるのです。

11

ワクワクしているあなたへ

あなたがいる
トンネルには
確かにあなたの
汗と涙がある
その先には光もある

12 いい人生の指標、菩薩のように

企業の組織改革や人材育成のアドバイザーをやってこられた大久保寛司さんは、
セミナーや企業研修の業界ではカリスマ的存在です。
1泊2日の研修ツアーで寛司さんと初めてお会いしました。
物腰が柔らかく、フレンドリーな人でした。

その寛司さんが、「この人はすごい！」とイチオシしていたのが、
坪崎美佐緒さんでした。
どんなすごいオーラを放っている人なのかと思いきや、
「会ってみると分かります。普通のおばちゃんです」と寛司さん。
坪崎さんの著書『いま、目の前にいる人が大切な人』を読んでみました。
表紙に「何もなかった専業主婦がコーチになって、

いつしか北の菩薩と呼ばれるようになるまでに。」と書かれてありました。

「菩薩」とはどういう意味だろう。

気になって「菩薩のような人」と打ち込んでネット検索してみました。
①笑顔が絶えない
②穏やか
③聞き上手
④人を許せる
⑤人に気配りができる
⑥相手を否定しない等々、15個の特徴が出てきました。
坪崎さんはそういう人なのだろうと思いました。


18歳の時、坪崎さんが知人の紹介で就職したのは街の薬局でした。

新社会人としてスタートするにあたり、

「いつも笑顔で」

「自分から元気なあいさつ」

「この人と一緒に働けてよかったと思ってもらえるような仕事をする」

この三つを自分と約束した坪崎さん。


初日、職場で待っていたのは1人の厳しい女子先輩でした。

あいさつすると無視されました。

掃除をしようとすると「余計なことしないで！」と怒られました。

商品を覚えようとペンと手帳を持って店内を歩くと、

「邪魔！」と強い口調で言われました。


その日、坪崎さんに一つの覚悟が生まれました。

「どうしたら一緒に働けてよかったと思ってもらえるか、考えよう」

先輩の「無視」「キツい叱責」は毎日続きました。
ある日、同僚から「あの人があなたに意地悪なのは、
あなたを紹介した人のことが大嫌いなの。

『あんな人が紹介した人なんて
1週間で辞めさせてやる』と言っていた」と聞いたのです。
坪崎さんはホッとしました。
「私が原因じゃなかったんだ」と。

1か月半が過ぎた頃、あいさつに対する無視は続いていましたが、
「余計なことするな！」と注意されなくなったことに気が付きました。
その変化に嬉しく思った坪崎さん。

3か月後、先輩が控室で一言、何気なくつぶやきました。
会話ではなかったのですが、
自分に向けての言葉だと坪崎さんは思いました。
しかも笑顔で。
「あの時の嬉しさは忘れられない」と坪崎さんは言います。

その後、２人は急接近し、かけがえのない関係になったのです。
坪崎さんの本には、そんなエピソードが20以上綴られています。
付き合いにくい人や避けたくなるような人に対して、
坪崎さんは、たぐいまれな観方・捉え方をする人なのです。
寛司さんは彼女と会って話をするたびにいつも、
「その話、書き留めておいてください。
きっと生かせるときが来ます」と言っていました。
ついにそれが本になったというわけです。

専業主婦だった坪崎さんが、一念発起してコーチングを学び始め、
資格を取ったのは40代半ばの頃でした。
ただ、その資格をどう生かしていいのか分からない。
そんな時、「あなたの夢を応援します」というダイレクトメールが来ました。
その言葉にワクワクしました。
「コーチングを通してご縁のあった人の幸せのお手伝いをしたい」

そんな想いを書いて返信しました。

後日、面接してもらえることになりました。

当日、その会社のW社長は、最初は丁寧に応対していましたが、履歴書を見て態度が一変しました。

「高卒？　専業主婦？　よく来たね」と見下したように言い放ったのです。

そして、大きなため息をつき、履歴書をテーブルの上に投げました。

「あんたみたいな人に仕事を依頼する企業はこの世に一社もないよ。悪いこと言わないから今すぐ辞めな」

そんな言葉を浴びせられて、坪崎さんは外に出ました。

悲しくて悲しくて落ち込んだ坪崎さん。


ところが、「あの人は私のことを思って言ってくれたんだ」と、気を取り直して、こう思いました。

「私みたいに何もない人が夢を持って諦めずに続けて、夢を叶えて誰かの役に立てたなら、私は、何もなくて諦めようと思っている人の力になれる。
Wさんのおかげで諦めない理由ができた」と感謝できました。
菩薩のように生きるとはこういうことか。
これは生き方・あり方の指標になります。
目指してみようかなと思いました。
ハードルは高いけれど……。

12

ワクワクしているあなたへ

あなたにとって
大切な人は
誰ですか？
決まっています
目の前にいる人です

13　みんな悩んで大きくなった

今日のテーマは「悩み」です。

人間というものは悩む生き物です。

「今日のお昼は何弁当にしようか」なんてどうでもいい悩みから、「もう死んでしまいたい」というような深刻な悩みまで、いろいろなことで人は悩みます。


「私は何のために生まれてきたのか」と、思い悩んでいるセミやカエルを見たことがありますか？

「悩む」という行為は、相当高尚な思考力なのです。

先ほど「どうでもいい悩み」と言いましたが、他人にはそうでも、本人にとってはかなり深刻だったりするものです。

こんな落語を創作してみました。
「お、八っつぁん。どうした？　浮かぬ顔して。
悩み事でもあんのか。何なら話、聞いてやるよ」
「いやね、熊さん。きのう悩んで悩んで眠れなかったんだけどよ、
今朝目が覚めたら、昨日何で悩んでいたのか思い出せなくてよ。
それで困ってるんだ」
「それって悩みが消えたってことじゃねぇか。よかったじゃねぇか」
「ま、そうなんだけどよ。
今度みんなの前でスピーチっちゅうもんをしなきゃいけなくてよ。
そん時に『この前、こんなことで悩んでいたんだけど、見事消えました』
なんて話のネタにしようかと思って。
だけどせっかく悩んだのに、そのネタが思い出せなくてよ」
「おめぇもメデタイ奴だね。だけど、確かにな。
何かに悩んで、それを解消できて、そのことをみんなの前で話したら、
同じようなことで悩んでいる人の助けになるかもしれんな。

俺もおめぇの忘れた悩みを思い出すのを手伝ってやるよ。
昨日、何があったんだい？」
「昨日、熊さんが珍しく本を読んでただろう？
俺が『お、熊さん、何読んでんだ？』と言ったら、どっかの坊さんの本を読んでたな」
「横田南嶺和尚の『悩みは消える！』って本だ」
「それで、『なんだ、熊さん。悩み事でもあるのか？
何なら話、聞いてやるよ』と俺が言ったら、
『いやね、悩み事があったんで、たまたまこの本を見っけて読んでたら、途中でさ、
あれ、俺って何を悩んでいたんだっけ？』と熊さん、言ってたよな？」
「そうだった。その本に『人間、どうせ死ぬんだよ。
そう思えばどんな悩みも消えるよ』なんて書いてあってさ。
『そうか、俺もいつか女房の葬式の喪主をやるんだな』と思ったら、
『小言を言われるのも今だけなんだ』と思えてきて、
そしたらおめぇ、『あれ、俺、何を悩んでいたんだっけ？』となったわけよ」

「熊さんがあのかみさんより長生きするかどうかは知らねぇけど、あのかみさんから小言を言われて落ち込んでいたってことか」

「あぁ、そうだった。でも、何を言われたのか思い出せないんだよ」

「それって『悩みが消えた』ってことじゃねぇか。何を悩んでいたのかを覚えているうちは、まだ悩みは消えてないってことかもよ」

「そうか。ってことは、おめぇが今朝目が覚めたら、昨日何で悩んでいたのかを思い出せなくて困っているとか言ってたけど、やっぱりそれでいいんじゃねぇか」

「話が元に戻っちまったな。だから、今度のスピーチのネタがねぇんだよ」

「じゃあ、どんな悩みが出てきても、こう自分に言う。『これでいいのだ』と。これをネタにすればいいじゃねぇか」

「『天才バカボンのパパ』の常套句だな。女房からキツいこと言われても、『これでいいのだ』。嫌な奴がいても『これでいいのだ』。そう口に出した瞬間、悩みは消えてるってか」

昔、「みーんな悩んで大きくなった。俺もお前も大物よ」
そんなサントリーウイスキーのコマーシャルがありました。
悩みは人を大きくします。
大きくなったら、その悩みは消えます。
小学生には小学生なりの、
高校生には高校生なりの、
30代女性には30代女性なりの、
50代男性には50代男性なりの、
お金持ちにはお金持ちなりの、
貧乏人には貧乏人なりの悩みがあるものです。

しかし、成長すると「あの時の悩み」は消えます。
そして、成長に応じてレベルの高い悩みがまた出てきます。
それもまた「これでいいのだ」ということです。
だって、また成長し、大きくなれるのですから。

13

ワクワクしているあなたへ

何かに
悩んでいたら
乗り越えた自分を
想像して
ニンマリしよう

14 「もし」が全部起きて繋がって今ここに

4月に入社した弊社の女子社員が、先日初めて有給休暇を申請してきました。
その用紙の備考欄の言葉を見て、「面白い!」と思いました。
「誕生日休暇」と書かれてあったのです。

誕生日は人から祝ってもらう日、プレゼントをもらう日と思い込んでいませんか。
だから、祝ってくれる人が誰もいないと普通の日と同じように過ごしたり、
自分の誕生日を忘れている家族に責め心を持ったりします。
また、「誕生日は親に感謝する日」と言う人もいます。
それはそうなのですが、親孝行も墓参りも、1年に一度ではなく、
頻繁にあってもいいのではないですか。
誕生日の過ごし方は、人それぞれでいいのです。

だとするならば、1年に一度しかないその日を自分で最も思い出深い日に演出し、自分にプレゼントするくらいのおおらかさがあるのもいいなと思います。

角田光代さんの短編集『だれかのいとしいひと』(文春文庫)の中に、『誕生日休暇』という一編があります。

主人公は30代独身OLの「私」

半年前、中途採用で入社した会社には「誕生日休暇」がありました。

誕生日とその前後1日、計3日間の「休暇」が支給されるのです。

ところが、「私」のその年の誕生日は、その3日間の直前に祝日と土・日があり、合計6日間の休みが取れることが分かりました。

失恋したばかりの「私」は、どこにも行く気はなかったのですが、同僚の強い勧めもあり、1人でハワイに行くことにしました。

行ってみると、ホテルは観光客もいない田舎町にありました。

しかも、初日から連日の雨。

「私」は、ハワイに来たことを後悔しました。

4日目、ホテルで夕食を取った後、最上階のバーで1人ビールを飲んでいたら、同じくらいの年恰好の日本人男性が話し掛けてきました。

外国で日本人らしき人を見かけると、確かに話し掛けたくなるものです。


2人の会話は思いがけない展開になりました。

彼はこう言ったのです。

「明日近くの教会で自分の結婚式があります」

「知人のいないところで式を挙げるためにここに来たのです」

「よかったら式に参列してくれませんか」


何か訳があると思い尋ねると、こんな話を始めました。

半年前のこと、10年付き合ってきた恋人とデートの約束をしたそうです。

目的はプロポーズ。

指輪を買い、新宿駅南口の待ち合わせ場所に向かっていました。

ところが、地下鉄で人身事故があり、電車が停まったのです。

恋人に、「人身事故があり遅れる」と電話をしました。
しかし、何分遅れるか分かりません。
20分くらい経った頃、
待ち合わせ場所にいる恋人に話し掛けてきた男がいました。
以前付き合っていた元カレでした。
10年ぶりの再会、懐かしくて話が弾みました。
男は、「どこか飲みに行こう」と誘ってきたそうです。
彼女は、今付き合っている彼とはいつでも会えると思い、
「中野のN子のアパートに行く。また今度デートしよう」と嘘の留守電を入れ、
元カレの誘いに乗ったのです。

恋人の彼女はその日がプロポーズのためのデートだとは知りませんでした。
30分遅れて待ち合わせ場所に着いた彼は、
そのとき、恋人からの留守電に気づきました。
彼は迷わず、N子のアパートにタクシーを走らせました。

しかし、当然そこに恋人はいません。


一方、N子夫婦にとってその日は結婚記念日でした。

ご馳走を作って夫を待っていたのですが、まだ帰っていません。

そのうち、「仕事で帰れない」と夫から電話が来ました。

N子は、恋人にすっぽかされた彼にこう言いました。

「この料理、一緒に食べてくれませんか?」


ここまで話して彼は言いました。

「そのN子が明日教会で結婚する女性なんです」と。


その話を聞いた「私」は、人生の不思議さを思いました。

あの日もし、地下鉄の人身事故がなかったら……

もし、恋人が元カレと再会していなかったら……

もし、その日がN子の結婚記念日じゃなかったら……

もし、N子のアパートが中野じゃなかったら……
もし、N子の夫が結婚記念日を覚えていたら……
ひとつでも「もし」が現実になっていたら、
彼は明日、ハワイで結婚式を挙げることはありません。
しかし、それらの「もし」は全部起きて、「私」は彼とバーで出会ったのです。

主人公の「私」は、
「この見知らぬ男性の結婚式に参列するためにハワイに来たのだ」と思いました。

これは小説の中の物語ではありません。
すべての人に、その人なりの「もし」がたくさんあり、
それらが全部起きて、
そして、それらが全部繋がってあなたは「今ここ」にいるのです。
人生はまさに運命の賜物です。

14

ワクワクしているあなたへ

運命の出会いは
目の前に起きたことを
一つひとつ
受け容れることで
見つけられる

第三章

輝いているあなたへ

15 「ダメでいいじゃないか」と言える大人に

自分が言った言葉に対して、「うまいこと言ったなぁ」と思う時があります。

知人が3年連続で教員採用試験に落ちました。

いつも溌溂《はつらつ》とした、笑顔の素敵な女性です。

大学院まで出ています。

子どもが大好きで、「小さい頃から先生になるのが夢だった」と言っていました。

彼女が教師になれないのは、地元の教育界にとって大きな損失だと思います。

だから彼女にこう言ってあげました。

「頑張っているのになかなか結果を出せない子どもがいる。

一人で苦しんでいる子どももいる。

君は将来、そんな子どもの気持ちが分かる教師になるために

今、必要な経験をしているんだ」

落語家・山水亭錦之助の物語を読みながら、
ふと、非常勤講師で頑張っている彼女のことを思い出しました。
山水亭錦之助とは、小説『花は咲けども噺せども』（PHP文芸文庫）の主人公です。

錦之助は一流私立大学を卒業後、大手アパレルメーカーに就職しました。
しかし、学生時代、落語研究会に所属していた彼は落語家になる夢を捨てきれず、
就職して2年目に脱サラし、
故立川談志師匠の「立川イズム」を継承する山水亭　錦生《きんしょう》師匠に弟子入りしました。

落語家の階級は、「見習い」から始まって「前座」「二ツ目」、そして「真打ち」、
普通は2、3年の修業で「二ツ目」に昇進するのですが、
錦之助の場合、7年の月日を重ねました。
その後、結婚し、二児の父親になりましたが、
錦之助はまだ「二ツ目」でくすぶっていました。
生まれたばかりの次男のミルク代を稼ぐために、

やりたくもないラジオ番組『突撃どこでも落語』の仕事をしていました。
ある時は神社の境内で、ある時は銭湯のサウナ風呂の中で、
ある時は区民祭りの特設ステージで。
声が掛かればどこでも落語を演《や》りました。
落語を聴く姿勢のない人たちの前で落語を演ることほど
屈辱的なことはありません。

そんな錦之助を支え続けてきたのは、
学生時代に衝撃を受けた談志師匠の「落語の定義」でした。
「人間はすごい。同時に人間というのはどうしようもねぇ。でも人間っていい」
この感覚を談志は「人間の業《ごう》の肯定」と言っていました。
たとえば、「酒が人間をダメにするんじゃない。
人間というのは元々ダメなものなんだということを酒が教えているんだ」と。

中学校で落語を依頼された錦之助は、

この落語の定義を分かりやすく子どもに語ります。
「ケーキが人間を太らせるんじゃない。人間の意思の弱さが太らせるんだ」と。
そしてこうも言います。
「私は師匠から、人間はダメでいいんだと教えてもらいました。
そんなことを言う大人が君たちの周りにいますか？」と。
それまでヤジを飛ばしていた数名の悪ガキが静かになりました。
7年かかって「二ツ目」になり、
今なおくすぶりながら屈辱的な仕事に耐える錦之助の言葉が、
彼らの心を掴んだのです。

ある日、錦之助は母校の落研設立60周年記念パーティーに出席しました。

「プロの落語家さんってすごい！」

そう言ってくれる後輩の女子と出会えるかもしれないと期待していましたが、
出席者のほとんどが年配者でした。

「君、食えてるの？」「よく今日の会費払えたなぁ」

「この前ラジオ聴いたよ。売れない落語家は外で演《や》らされるのか」等々、上から目線の言葉ばかり浴びせられました。

錦生師匠を見下すような発言をする奴までいました。

怒りと悔しさで爆発しそうになりました。


数日後、錦之助は老人ホームでの高座のため、施設長が運転する車体の低いスポーツカーに乗って会場に向かっていました。

施設長は言いました。

「車体が低いと景色が違って見えるでしょ。下から目線になるんです。みんな自分より上に見えるから何でもすごいと思えます。すれ違う小学生でも偉く見えちゃう。近頃は上から目線の人が多いですよね。自分に自信がないんですかね」

下から目線——錦之助は「いい言葉だなぁ」と思いました。

『花は咲けども噺せども』の著者は落語家・立川談慶さん。

慶應義塾大学出身初の真打ちです。
大学卒業後に大手下着メーカー、ワコールに入社したのですが、
落語家になる夢を捨てきれず、３年後に退職、立川一門に入門しました。
「二ツ目」昇進まで9年半の月日を要しました。
談慶さんは自分を主人公・錦之助と重ねたのです。

物語の所々に談志師匠がよく色紙に書いていたという、
この名言が浮かび上がります。
「笑われるまでにピエロはさんざん泣き」

15

輝いているあなたへ

つらい経験は
頑張っているのに
なかなか結果が出ない人を
励ますために
必要な経験なのです

16　素敵な思い込みを上書き保存する

喜劇俳優やお笑い芸人のことを「コメディアン」といいますが、
それは男性のことで、女性は「コメディエンヌ」といいます。
エイミー・シューマーはアメリカの、ぽっちゃり系コメディエンヌです。
映画『アイ・フィール・プリティ』では、
太めの体型にコンプレックスを抱くＯＬ「レネー」を演じています。
レネーは大手化粧品会社の社員なのですが、
彼女のオフィスはニューヨーク・五番街の本社ビルではなく、
別のビルの地下にありました。
彼女は本社に行くのが苦手でした。
そこにはスタイル抜群の美女ばかりいるからです。

ある日、レネーは書類を届けに本社に行かなければならなくなりました。
受付にはハリウッド女優並みの女性がいました。
話をして、彼女が臨時の派遣と知り、驚きます。
現在「受付係募集中」という話も聞きました。

次の日、レネーはフィットネスクラブのエアロバイクを漕ぎ過ぎて転落し、
頭を強打して気を失いました。
意識が戻ると、自分の手足が細くなっていることに驚きます。
鏡を見ると、そこに絶世の美女が映っているではありませんか。
プロポーションも理想の体型です。
「夢が叶った」と有頂天になるレネー。
しかし、そう見えるのは自分だけです。
周囲の人の目には、いつもと変わらないレネーが映ります。
そうとは知らずにレネーは自信過剰になり、
早速、本社受付係の面接を受けに行くのです。

そして自信満々こうに言いました。

「私はこの受付係を、
将来モデルとして羽ばたく踏み台と考えているわけではありません。
毎日このオフィスにやってくる人たちに、
私が抱いているこの高揚感を与えたいのです」

面接官の一人は「どの口が言うてんの？」という顔をしていましたが、
社長は彼女のたぐいまれな高い自尊心に感動し、採用することにしました。

とにかく、やることなすことレネーの言動は自信に満ち溢れています。
最初はドン引きしていた周囲の人たちも、次第に彼女の容姿ではなく、
人間的な魅力に引き込まれていきました。

終盤、彼女は再び頭を強打して気を失います。
意識が戻ると鏡には以前の太ったレネーが映っています。
「魔法がとけた」と絶望するレネー。

またコンプレックスだらけの自分に戻りました。


ある時、レネーは大勢の前でプレゼンテーションをすることになりました。

レネーは自分をさらけ出すことにしました。

2枚の写真をスクリーンに映し出しました。

「こっちが魔法にかかっていた時の私で、こっちが本当の私よ」と言うのですが、会場の人たちは「どっちも同じじゃん」と反応します。

レネーがもう一度よく見てみると、確かに同じ写真です。

ということは「魔法」ではなく、「ただの思い込みだった」と気づくレネー。


そしてこう語り出しました。

「子どもの頃、みんな自信に満ちていた。

太っていても、パンツ丸出しでも気にしなかった。

みんなどこで自信をなくしたの？　いつ自分に疑問を持ち始めたの？

自分で自分を素晴らしいと思える強さを持ってもいいんじゃないの？

子どもの頃の自信を忘れないで！　だって私は私なのよ」
会場は拍手喝采となりました。
みんな何かしら自分にコンプレックスを持っていたのです。
自分のことを「すごい」「できる」と思っている人もいますが、
「何をやってもだめ」「イケてない」と思っている人もいます。
どちらも間違いではありません。
その人の思い込みなのですから。

最近、脳科学者マックス・ロックウェルさんの新刊を読んで驚きました。
タイトルは『アルファ波～脳の仕組みを使って人生を変える』（EN publishing）
こんな一文がありました。
「『自分はこういう性格』と思っていることの多くはただの思い込みにすぎない」
そもそも「性格」とは、幼少期に周囲の人たち、特に親の言葉や態度の影響を、
何の疑いもなく受け入れて出来上がった「思考パターン」と「行動パターン」。

例えば、スマホに最初から入っているアプリと、
後からインストールするアプリがあるように、
最初から入っているアプリが「個性」だとすると、
「性格」は自分が知らないうちにインストールされたアプリのようなもの。
やがて、パターン化された思考と行動で人生がつくられていく。
「しかし、その大半は思い込みです。だから性格は変えられます。
要らないアプリは消して、
『なりたい自分』というアプリをインストールしよう」とマックスさんは言います。

「学び続けること」ではないかと思います。
人間の脳には、学んで気づいたことを上書きし、保存する機能や仕組みがあります。
何歳になっても学び続けて、素敵な思い込みを更新していきましょう。

16

輝いているあなたへ

「思い込み」というアプリは
消去しよう
「なりたい自分」というアプリを
インストールしよう
そんな機能が脳にはある

17 平和とは、肯定し承認すること

2019年の年末、漫才日本一を競うM―1グランプリに、
かつてない芸風のコンビが登場しました。
ボケ役のシュウペイと、ツッコミ役の松陰寺太勇の「ぺこぱ」です。
成績は3位でしたが、
審査員から「新しい漫才」「平和的で気持ちよかった」と高く評価されていました。

何が新しくて平和的なのかと言うと、
従来の漫才では、ボケ役のセリフに対して、
ツッコミ役は「何言うてんねん」とか
「いい加減にせい」など、否定的に返していました。
ところが「ぺこぱ」の松陰寺は、相方から何を言われても、何をされても、

肯定的に返していくのです。

タクシー運転手役のシュウペイが「ブーン」と言ってやってくる。
松陰寺が「ヘイ、タクシー」と言うと、タクシーは「ドーン」と松陰寺にぶつかる。
松陰寺は「どこ見て運転してんだよ」と言った後、
「そう言えてる俺は無事でよかった。無事が何より」と喜ぶ。

二度目のシーン。
再びシュウペイが「ブーン」と言ってやってくる。
「ヘイ、タクシー」と手を挙げている松陰寺に「ドーン」とぶつかる。
松陰寺は言う。
「二度もぶつかったってことは俺が車道側に立っていたのかもしれない。
誰かを責めるのはやめよう」
言ったことが否定されずに受け止めてもらえると気持ちがいい。

審査員が言った「平和的な漫才」とはこういうことです。

その逆はどうでしょうか。
作家の寮美千子さんは、その日、奈良少年刑務所にいました。
毎年開催されている矯正展に出掛けたのです。
そこで1枚の美しい水彩画に魅せられました。
一つひとつの色が微妙に違います。
「几帳面すぎる。こんなに細かい神経の持ち主だったら、
世間にいた時、さぞかし苦しかったのではないか」と寮さんは思いました。

「振り返りまた振り返る遠花火」という俳句にも寮さんは胸が締めつけられました。
「なんと端正な、抒情的な句なんだろう。
この子は鉄格子の窓から花火を見たのだろうか」と寮さんは思いました。
一緒にいた夫にこう言いました。
「この子たちは私が思っているような凶暴な犯罪者じゃない気がする。

今まで持っていた怖いイメージと違うわ」と。

すると、近くにいた教官が声を掛けてきました。

「そうなんです。ここにいる子たちは、おとなしくて、引っ込み思案な子たちがほとんどなんですよ」

寮さんは、自分は作家であり、詩や朗読の教室をやってきたことを話し、「お手伝いできることがあればやります」と言って教官に名刺を渡しました。

「絵本や詩を使った授業をお願いしたい」と奈良少年刑務所から電話があったのは、それから半年ほど経った2007年7月のことでした。

実はその年の6月、100年ぶりに監獄法が改正されたのです。

それまでは、社会復帰後のためにいろいろな技術を教えていましたが、法改正により職業訓練が困難な軽度知的障がい者や精神疾患のある受刑者には、情緒的な教育を施すことができるようになったのです。

その講師を依頼されたのでした。


少年刑務所は、保護施設の少年院と違い、殺人や性犯罪など、刑事事件で実刑判決を受けた未成年の子たちが収監されています。

詳細は寮美千子著『あふれでたのはやさしさだった』（西日本出版社）に譲るとして、寮さんは最初の授業でアイヌ民族の親子を題材にした絵本、『おおかみのこがはしってきて』（ロクリン社）を使いました。

受講生の片方が父親役、片方が子ども役になって朗読劇をしました。

子どもが父親に質問する。

父親は、どんなことを聞かれてもちゃんと優しく答えてくれる。

全員これをやったのです。

全員が最後まで読めた喜びを味わいました。

「たったそれだけのこと」で、少年たちは自信を獲得したようでした。

寮さんは、「かすかな自己肯定感が芽生えた」と確信しました。

彼らは幼少期から、何を言っても否定される家庭で育っていました。
常に大人から叱責され、攻撃されてきました。
だから奈良少年刑務所の教官たちは、「否定しない」「注意しない」「指導しない」
そして「ひたすら待つ」という全承認の場を作っていきました。
否定されない環境の中で少しずつ心を開いていくと、
少年たちは自ら成長していくというのです。
寮さんは言います。
「マスコミで目にする凶悪な少年犯罪は、社会に表出した最悪の結果だけ」と。

かつては被害者だった少年たち。
今日も塀の向こう側で彼らの心に寄り添っている大人に
敬意を表したいです。

17

輝いているあなたへ

親子も夫婦も
仕事の仲間も
基本は
互いに肯定し
承認すること

18　そうなりたかったらそう演じればいい

「サラみやざき」という声優・俳優養成所が開校した2007年、私は勢いでその門をくぐりました。

入ってみたら、20人近い生徒は全員10代20代の若者でした。50歳に手が届きそうなおじさんは私一人だけでした。

おかげで「中年の男性役」は独り占めできました。

一度の舞台と数本のテレビCMに出ただけで、ものにはなりませんでしたが、それまで出会ったことのない映画監督や映画プロデューサーなど、その道のプロに学べたことはとても刺激的でした。

「人生は舞台、人は皆役者」という人生観を持てたのも、その頃学んだおかげです。

舞台には本番と稽古があります。

本番は失敗が許されませんが、稽古中はどれだけ失敗するか、です。
稽古中に恥をかいた分だけ、悔しい思いをした分だけ、
「味」のある役者になります。
仲代達矢という、日本を代表する役者が、
まだエキストラで「通行人」を演《や》っていた時、
黒澤明監督から「歩き方がダメだ」と、
何度も何度もやり直しをさせられ、
屈辱を味わったという話を聞いてそう思いました。

「人生は舞台」という発想は、そんなところから来ています。
人生にも失敗や後悔は付き物です。
起業した会社が不況の波にのまれて倒産したり、
せっかくいい職場に就職できたのに、
他にやりたいことが見つかって転職したりすることがあります。
好きな人と結ばれたはずなのに別れた話は日常茶飯事です。

親子関係ですら、とんでもない親だったらそこから子どもを引き離し、保護する法律だってあります。

私たちが生きているこの社会は、その気になればやり直しができる「稽古場」です。

もう一つの「人は皆役者」とはどういうことか。

たとえば、堺雅人という役者がいます。

彼は、上司に歯向かう銀行員、雄弁な弁護士、歴史ものでは新選組や真田幸村など、いろんな役を演じ切ってきました。

同じように私たちもみんないろんな「自分」を演じています。

親の前では老親の健康を気遣う「息子」

子どもの前では子煩悩な「パパ」

部下の前では仕事に厳しい「上司」

妻の前では尻に敷かれる「夫」

時には「クレームを言う客」

場面場面でみんな役を使い分けています。

ただ、私たちには「演じている」という自覚がないだけです。

そもそも日本では、「演じる」という言葉はあまりいい響きではありません。
「あの子はいい子を演じている」と言うと、否定的な評価の意味合いが強いです。
「嘘の自分」を装って見せているみたいな……。

演出家の平田オリザさんが随分前、
講演の中で不登校の子どもたちと一緒に演劇をつくった話をしていました。
最初に子どもたちから話を聞きました。
一人の子が「いい子を演じるのに疲れた」と言ったそうです。
平田さんは、「本気で演じたこともないくせに
軽々しく『演じる』なんて言うんじゃない」と一喝したと話していました。

演劇人は、「演じる」ということをポジティブに捉えています。
演じるとは、その「役」を生き、その「役」を楽しむことです。
劇作家の竹内一郎さんは、

著書『あなたはなぜ誤解されるのか』（新潮新書）の中で、

「〝自分の役を演じている〟と考えると気が楽になる」とまで言っています。

たとえば、身近にいつも理不尽なことを言う人がいたら、

「あの人はそういう〝役〟を演じているのだから、私はそれに振り回されず、自分の〝役〟を演じればいい」とか、

「今苦しいのはそういう〝役〟を演じているのだ」と考えればいいのだ、と。

さらに竹内さんは「それなりの〝役〟にふさわしい言動を続けていると、だんだんそれなりの人格が身に付いていく」と言います。


恥をかいても、失敗しても、「今、稽古中」と思って苦笑いすればいいのです。

「お疲れ様でした」と、あの世から声がかかるまで、与えられたいろいろな〝役〟を楽しみながら演じ切ってみませんか！

18

輝いているあなたへ

いつだって今、稽古中
失敗した分だけ
強くなれる
恥をかいた分だけ
素敵になれる

19　出会ったことのない自分と出会う

まだ郊外に大型ショッピングモールがなかった時代、
繁華街で大きな存在感を放っていた商業施設は、百貨店でした。
消費者も中小の小売店も、羨望のまなざしで百貨店を見上げていました。
90年代までは……。

どんな大きな業界でも時代に押し潰されることがあります。
そのことを痛感した大事件のひとつが大手百貨店の倒産でした。
2000年代に入って次々と郊外に大型商業施設ができ、
庶民の消費行動は一変しました。

最初に百貨店大手の「そごう」が経営破綻し、

あの「西武」さえも経営危機に陥りました。
その後、さまざまな支援の手が差し伸べられ、
奇跡的にこの二つの百貨店は息を吹き返し、２００４年に経営統合しました。
5年後には「株式会社そごう・西武」という社名で生まれ変わりました。
消滅しなかったのは、おそらくこの企業が消費者、あるいは社会に
「何か価値あるもの」を提供し続けてきたからではないかと思います。
「価値あるもの」は広告で表現されています。
２０１７年から「そごう・西武」は新聞各紙の元日号に全面広告を出しています。
企業のメッセージテーマは『わたしは、私。』です。

２０２１年の広告は、前年6月から11月までの半年間の、
店舗販売実績が印字されたレシートの写真でした。
「スーツケース６６２個」「口紅7万６１７５本」「浴衣４７５着」
「ハイヒール１００１足」とありました。

そして、こんなコメントが添えられていました。

新型コロナウイルスで行動が制限された2020年。
それでも自由に旅行できる日のために
662人のお客さまが、スーツケースを購入された。
マスクの下でもメイクを楽しみたい
7万6175人のお客さまが口紅を購入された。
夏祭りは中止だったけれど、浴衣は475着。
颯爽と街を歩く日を待ちながら、お求めになったハイヒールは1001足。
（中略）
お買い物の記録に教えられた、大切なこと。
百貨店が売るのも、お客さまが欲しいのも、
ただのモノではない
百貨店が売っていたのは、希望でした

2020の元日号は、身長168センチ、体重99キロ、当時幕内最小力士だった炎鵬《えんほう》関の写真が中央に小さく載っていました。その上にこんなメッセージが……。

大逆転は、起こりうる。
わたしは、その言葉を信じない。
どうせ奇跡なんて起こらない。
それでも人々は無責任に言うだろう。
小さな者でも大きな相手に立ち向かえ。
誰とも違う発想や工夫を駆使して闘え。
今こそ自分を貫くときだ。
しかし、そんな考え方は馬鹿げている。
勝ち目のない勝負はあきらめるのが賢明だ。
わたしはただ、為す術もなく押し込まれる。
土俵際、もはや絶体絶命。

そして、広告の左隅に「さ、ひっくり返そう。」という大きなコピー。
そう、この文章を「逆から読め！」ということです。

『わたしは、私。』というシリーズで、
２０１７年に最初に起用されたのは、女優の樹木希林さんでした。
奇抜なファッションに身を包んだ希林さんがつぶやいていました。

今年、あなたはひとつ歳を取る。
その度に、年相応にとか、
いい歳してとか、
つまらない言葉が、
あなたを縛ろうとする。
あなたは、耳を貸す必要なんてない。

世間の見る目なんて、
いつだって後から変わる。
着たことのない服に袖を通して、
見たことのない自分に心躍らせる。
ほかの誰でもない「私」を楽しむ。……

この文章の横で「年齢を脱ぐ。冒険を着る。」という大きなコピー文字。
「着たことのない服に袖を通す」とは、
今までやったことがないことをやってみるということでしょう。
そのためには「年齢」という服を脱ぎ、「冒険」という服を着る。
すると、「今まで見たこともない自分」になり、そんな自分にときめく。
こんな素敵なメッセージを発信し続ける企業だから、息を吹き返したのでしょう。
欲しいのは、ただのモノでもなく、一喜一憂する情報でもありません。
「私」をときめかせてくれるモノ、言葉、誰か、ですね。

19

輝いているあなたへ

目に飛び込んでくる言葉が
メッセージに
思えることがある
ちょっと意識して
見てみよう

20　アルバムの写真が語り掛けてくる

いつ頃からでしょうか。
あれほどワクワクしながらやっていたアルバム作りをしなくなったのは。
子どもの幼少期は、成長と共に写真は増え、アルバムの冊数も増えていきました。
そして、子どもの更なる成長と共に写真を撮る機会は減っていきました。

カメラ機能の付いた携帯電話、それに続くスマートフォンの登場が
アルバム作りを一層遠ざけたように思います。
スマホで撮った写真をプリントしてアルバムに貼るという一連の作業をするのは、
あまりにも面倒くさいです。

一方、スマホで撮った写真は保存できます。

いつでも見ることができます。

それだけでアルバムの役目を果たしています。


「それでもアナログのアルバムにこそ真実の写真の価値がある。アルバムは自己肯定感を高めるツールになる」と、(株)夢ふぉとの社長・林さゆりさんは言います。


林さんの会社では、全国の幼稚園・保育園の卒園アルバムや小・中学校の卒業アルバムの制作を請け負っています。

どの学校でも年度末の3月、卒業生は学校生活の思い出が詰まったアルバムを手にします。

みんな同じものです。

しかし、「夢ふぉと」のアルバムは一味違います。

生徒に、赤ん坊だった頃から現在までの写真を学校に持ってきてもらい、パソコンの授業でそれらを自分のタブレット端末に取り込みます。

そして、自分なりのデザインを加えます。
それが卒業アルバムの最終ページを飾るのです。

作業をしながら、この年齢になるまでに自分だけのヒストリーがあったことや、
それを一緒に作ってきた家族がいたことに気付き、
心からの感謝の気持ちが芽生えていくそうです。
卒業生は、世界に一冊しかない、
愛情が詰まった自分だけの卒業アルバムを手にします。

これは、林さんが開発した「アルバムセラピー」が元になっています。
アルバムセラピーとは、自分の懐かしい写真を用いた体験型のセミナーです。
普通、アルバムを見ると、「懐かしい」という感情だけで終わってしまいますが、
アルバムの見方を変えると、自己肯定感が高まり、
前向きに未来に向かって歩んでいける自分になれるというのです。
アルバムセラピーでは、写真を見て過去の自分に会いに行き、

過去の自分と対話をするという経験をします。
時には、一緒に写っている家族や友人とも……。
また、写真に写っていなくても、
たとえば写真を撮ってくれた父親を思い浮かべたり、
撮影前後のエピソードを思い出したり、想像が膨らむ時間になります。

時には、思い出したくない記憶も蘇ることがあります。
その時は、そのマイナスの感情をグループ内で共感し合うのです。
その過去を乗り越えてきたから「今」があるし、
あの経験があったから出会えた人がいると、再認識するのです。
「過去は変えられないと言うけれど、
過去にまつわる思い込みは書き換えられます」と林さんは言います。
20代の頃は「自分を変えたい」と、よく自己啓発セミナーに参加していたそうです。
しかし、「モチベーションが続かなかった」と言います。
「講師の考え方や価値観はその人の『軸』であって、

自分のものにはならないのかも」と。
自分に合った人生の「軸」を林さんは「自分サイズ」と呼び、
「自分サイズの幸せ探し」を、アルバムの中に見つけました。

「人生で最も大切にしたいものがアルバムに入っています。
それは大切な人との『思い出』。どこにも売っていないもの。
お金で買えないものです。押入れの中にひっそり眠っているその宝物を、
これからの自分の未来に利活用させるんです」

簡単に写真や動画が撮影できて、瞬時にどこにでも送れる時代だからこそ、
ちょっと立ち止まって、懐かしい写真が詰まったアルバムを開いてみませんか。
「私は愛されていた」と思えたり、
「あなたは大丈夫。頑張ってね」、そんなメッセージが聞こえてきそうです。

20

輝いているあなたへ

アルバムの中の
写真を見て
幸せを感じるのは
「思い出」という名の
愛があるから

21

花鳥風月を感じる時間ありますか

歌人・小島ゆかりさんの講演の中に、忘れられない話が二つありました。
「満月を見上げて人生を考え直した予備校生の話」と
「河原に捨てた小石に『さよなら』と言った中学生の話」です。

小島さんが予備校の講師をしていた時、
成績はいいのに勉強する意欲のない生徒がいました。
親御さんが心配して担当の先生との面談に来た時も、
彼は同席しているのにそっぽを向いていました。
その様子を偶然見た小島さんは彼に少し腹を立て、
「どんなに頭がよくても、そんなに心を閉ざしていたら幸せは寄ってこないよ」と
手紙を書きました。

ひと月ほど経った頃、小島さんの授業の後、彼がやってきて、
「俺、ちゃんと勉強するよ」と言ったそうです。
「どういう風の吹き回し？」と聞くと、
「数日前、バイトの帰りに夜空を見上げたら、満月が浮かんでいて、
しかも今まで見たこともないほどの大きな満月で、
それを見ていたら急に心が変わった」と言うのです。

もう一つは、小島さんの娘さんの中学時代の話です。
娘さんは授業で多摩川に小石を拾いに行き、一つひとつ丹念に調べ、
名前と特徴を貼って標本を作り、学校に提出しました。
しばらくして、その標本が戻ってきました。
すると娘さんはラベルの付いた石を全部ごみ箱に捨ててしまったのです。
それを見た小島さんは悲しい気持ちになり、
ごみ箱から石を拾ってまた標本箱に戻し、居間に飾りました。

数日後、小島さんに娘さんが話し掛けてきました。
「この石には雲母が混じっているの」とか
「この石には小さい葉っぱの化石がある」と。
小島さんはちょっと嬉しくなり、「多摩川に返しに行こうか」と言いました。
河原に着くと娘さんは記憶を辿って、石を拾った場所に一つひとつ戻しました。
そして、「さぁ帰ろうか」と踵《きびす》を返した時、娘さんは振り返り、
石たちに「さよなら」と言ったのです。
それを聞いて、小島さんは胸が熱くなったそうです。

ふとこのエピソードを思い出したのは、
動画サイトで解剖学者・養老孟司さんの話を聴いたからです。
養老さんは、大学生対象の講演会で「幸せ」をテーマに話していました。
講演に先立ち、学生にアンケートを取ったそうです。
その中の「君は今、幸せですか?」という項目で、
ほとんどの学生が「幸せです」と回答していました。

養老さんは拍子抜けして「話すことがなくなりました」と苦笑していました。
ただ、「気になることがある」と続けました。
学生たちの「幸せの根拠」が家族や友だちの存在だったことです。

確かに、人は友情や愛情、信頼関係の中に幸せを感じるものです。
しかしそれは裏を返すと、不幸せの原因もそこにあるということです。
幸せはプラスの感情が伴う人間関係の中にあり、
マイナスの感情ばかりの人間関係からは不幸せが生じます。

「昔もそうでした。だけど、昔は人間関係とは別の世界、
すなわち自然界に逃げ場所があった」と養老さんは言います。
養老さんは、24歳の青年が書いた本を紹介していました。
10年前、14歳だった彼が経験した、いじめに関する告発本です。
養老さんはこう言ってました。
「この本を読んだ印象と、君たちのアンケートを読んだ印象が同じでした。

両方に一言も出てこなかった言葉があります。それは花鳥風月です。
先生がこう言った。友だちがああ言った。そればかり。花も鳥も風も月も出てこない」

人には、花を愛《め》で、鳥の声を聞き、風を感じ、月を見上げて、
「自分の悩みなんて大したことじゃない」と思える感性があります。
一方、人間は自然の産物でありながら、人工的な社会を形成しています。
だから「自然界」と「社会」の真ん中に立ち、
その二つの世界を自由に往来してこそ、人としての幸せがあるのです。

自然とふれあう機会がないと、「社会」に100%依存することになります。
人間関係がプラスの感情に満たされた時は幸せ感も倍増しますが、
マイナスの感情に苛まれた時は不幸せ感も倍増します。
これはきついです。
最近、自然界から少し乖離《かいり》していると感じたら、スケジュール表を広げ、
自然の中に身を置く、そんな日を決めましょう。

21

輝いているあなたへ

自然の中に
行ってみよう
そこには
ちっぽけな悩みを
吹き飛ばす力がある

最終章

人生を面白がっているあなたへ

ハローワークで「宮崎中央新聞記者募集」という求人票を見つけたのは、かれこれ30年ほど前のことでした。

入社して1年くらい経った頃、当時の女社長に呼び出され、こう言われました。

「新聞を廃刊にしようと思うけど、あなたがやりたかったら譲ってもいいですよ」

小さくても新聞の発行に携われることに心がときめきました。

それで、二つ返事で引き受けたのです。

その後、発行部数が500部ほどに落ち込んでいることを知り、妻に相談すると、返ってきた言葉は、

「それじゃ食べていけないでしょ。やめといたほうがいいわよ」ではなく、

「部数は私が増やします。あなたはいい新聞をつくってください」でした。

夫婦2人で人生の再スタートを切りました。

詳細は松田くるみの著書、

『なぜ宮崎の小さな新聞が世界中で読まれているのか』（ごま書房新社）に書かれてあります。

あの頃、お金も社会的信用も無かったのですが、
ただワクワク感が毎日の日々を輝かせていました。

岡根芳樹さんの『演劇の手法によるセールスの絶対教科書』（HS）を読んでいたら、
そんな昔のことを思い出しました。
この本は、「桑森」という売れないセールスマンが、
公園で出会ったホームレスの男にセールスの極意を叩き込まれ、
成長していく物語です。
ホームレスの男は、気の抜けたセールスマンの桑森にこんなことを言います。
「トラブルに巻き込まれてはいけないとか、

損をしてはいけないという思考回路では人生に深みが出ない。
ドラマチックに生きろ！『いっちょ騙されてみるか』くらいの覚悟で生き抜け！」
こうして彼は桑森の師匠になりました。

ある日、師匠から桑森にこんな課題が出されました。
「片っ端から女性に声を掛けてナンパしてこい」
その日の夕方、桑森は憂鬱そうに戻ってきました。
「3人しか声を掛けられなかった」と報告する桑森。
師匠は言います。
「俺はナンパしてこいとは言ったが、ナンパを成功させてこいとは言ってない。
おまえはナンパを成功させなきゃと思い込み、
声を掛けやすそうな人を選んでいるうちに声を掛けるタイミングを無くした。
そして可愛い子からキツい言葉で断られ、
次に挑戦しようという気持ちにブレーキがかかった」

図星でした。

そう、私たちも小さい頃から、夢を語ったり新しいことをやろうとすると、

「失敗したらどうするの」と言われ、

受験の時は「今の実力で行けるところにしなさい」と言われてきました。

「失敗してもいいからやってみなさい」と言う大人はいなかったと思います。

だから、挑戦することに心理的なブレーキがかかってしまうのです。

そのブレーキを外す魔法の言葉を、桑森は師匠から教えられました。

それが「面白がる」です。

断られたら、その断り文句をネタ帳に書いて面白がるのです。

そんな言葉をたくさん集めて、将来成功体験を語る時のネタにするのです。

「無理。やめておけ」と周囲から言われて、

主人公が何も挑戦しないドラマはきっとつまらないでしょう。

いつだってこの人生ドラマの主人公は自分です。

だったら面白くなりそうな道を選んでみましょう。

失敗してもいいから。

おまけ

人生を
面白がっているあなたへ

この本を読んで
面白がれたら
あなたは
失敗もまた
面白がれる人になっている

おわりに

知人の家に遊びに行った時、
『しかくいボール』（市井社）という本を見つけ、そのタイトルに惹かれました。
初めて妊娠を経験した水源《みなもと》純さんが、自分の体に宿る、自分のではない、
もうひとつのいのちを客観的に観察している様子を
「五行歌」で歌っていました。

胎動が
湯船の湯をゆらす
はじめて目で見た
きみの
ちからだ

出産後、子育てに奮闘する母親の心境も伝えていました。
同じ経験をした人なら、
その時の光景がよみがえることでしょう。

考えても考えても
夜泣きのわけは解らなくて
泣けてきた
解らないまま
ふたりで泣いた

そして、その本のタイトルになった五行歌を見つけました。
数年前に母親のお腹を内側から蹴って湯船の湯をゆらした子が、
サイコロを見て何を思ったのか、その発想がすごい。

初めて見たサイコロを
じーっと眺めてかんがえて
それから彼は
高らかに叫んだ
「しかくいボール！」

この『しかくいボール』には続きがありました。
幼少期に「しかくいボール！」と叫んだ子が14歳になり、歌集を上梓したのです。
タイトル『一ヶ月反抗期』（そらまめ文庫）にこんな五行歌がありました。

父から誕プレ何欲しい？
一ヶ月後に言い訳文付きの
メールが来た
前日に奥さんと買い物してたくせに
絶望と涙のパレード

彼の両親は離婚したようです。
しかも父親はすでに再婚しています。
14歳の彼はその理由まで知っていました。

家に帰ってこないのは？
浮気していたから？
当時、6歳でよかった
これが14歳の今だったら
殺していたかも…

ちょうどいいタイミングで
『文藝春秋』に歌人・俵万智さんのこんな言葉を見つけました。
「短歌でも俳句でも小説でも音楽でもいいのですが、
自分に合った表現手段を持っているのはなかなか良いものです」

「悲しいことやつらいことも、歌にしてみようと一歩引いて見つめることで
立ち直るきっかけにもなります」

さて、この本では一つひとつの文章の結びのメッセージを五行歌にしてみました。
「一言で言うと、伝えたいことはこれなんだよね」というわけです。
「五行」にこだわり始めると、何がなんでも五行にしてやろうとするので
楽しくなってくるから不思議です。
先人の歌人も「5・7・5」とか「5・7・5・7・7」という形にすることの楽しさが
たまらなかったのではないでしょうか。

そんなわけで長々とお付き合いいただき、ありがとうございました。
最後に、この本の元ネタになっている「日本講演新聞」のことをまだご存じない方は、
ぜひホームページまで遊びに来ていただけると嬉しいです。

日本講演新聞　魂の編集長　水谷もりひと

参考文献（順不同）

○ 書籍・新聞

『おきなわ土の宿物語』木村浩子著（小学館）
『1日1話、読めば心が熱くなる365人の仕事の教科書』（致知出版社）
『今日を生きる』治居冨美著（自費出版）
『遺伝子スイッチ・オンの奇跡』工藤房美著（風雲舎）
『ぼくの命は言葉とともにある』福島智著（致知出版社）
『見えないからこそ見えた光』光弘岩本著（ユサブル）
『仕事で大切なことはすべて尼崎の小さな本屋で学んだ』川上徹也著（ポプラ社）
『トンネル誕生』山崎エリナ著（グッドブックス）
『教えない「教える」授業』佐久間勝彦著（一莖書房）
『いま、目の前にいる人が大切な人』坪崎美佐緒著（エッセンシャル出版社）
『悩みは消える！』横田南嶺著（ビジネス社）
『だれかのいとしいひと～誕生日休暇』角田光代著（文春文庫）
『花は咲けども噺せども』立川談慶著（ＰＨＰ文芸文庫）
『あふれでたのはやさしさだった』寮美千子著（西日本出版社）
『あなたはなぜ誤解されるのか』竹内一郎著（新潮新書）
『西武･そごう～わたしは私。』(朝日新聞他元日号広告。2017年､2020年､2021年)
『3時間で人生が変わるアルバムセラピー』林さゆり著（あさ出版）
『なぜ宮崎の小さな新聞が世界中で読まれているのか』松田くるみ著（ごま書房新社）
『演劇の手法によるセールスの絶対教科書』岡根芳樹（ＨＳ）
『しかくいボール』水源純著（市井社）
『一ヶ月反抗期』水源カエデ著（そらまめ文庫）
『おおかみのこがはしってきて』寮美千子著・小林敏也絵（パロル舎）

○ 映画・動画・テレビ番組

『長いお別れ』（映画）　『アイ・フィール・プリティ』（映画）
『プロフェッショナル 仕事の流儀～石川佳純スペシャル』2020.8.10 放送（NHK）
『22歳の別れ～あの頃のフォークソング物語』（演劇／劇団いかがなものか）
『養老孟司の部屋～なぜ人は不幸になるのか？』(YouTube)

著者略歴

水谷もりひと（水谷 謹人）

日本講演新聞編集長
昭和34年宮崎県生まれ。学生時代に東京都内の大学生と『国際文化新聞』を創刊し、初代編集長となる。平成元年に宮崎市にUターン。宮崎中央新聞社に入社し、平成4年に経営者から譲り受け、編集長となる。30年以上社説を書き続け、現在も魂の編集長として、心を揺さぶる社説を発信中。令和2年より新聞名を「みやざき中央新聞」から現在の「日本講演新聞」に改名。
著書に、『心揺るがす社説』『心揺るがす講演を読む1・2』『日本一心を揺るがす新聞の社説1〜4』『日本一心を揺るがす新聞の社説ベストセレクション（講演DVD付）』『この本読んで元気にならん人はおらんやろ』『仕事に“磨き”をかける教科書』（以上ごま書房新社）など多数。
『いま伝えたい！ 子どもの心を揺るがす“すごい”人たち』をきっかけに、社説は中学3年生の道徳の教科書（東京書籍）や大学入試（小論文）にも採用され、学校現場では数多くの先生方の学級通信に活用されるなど幅広く使われている。

あなたに贈る21の言葉

2023年6月2日　初版第1刷発行

著　者	水谷もりひと
発行者	日本講演新聞
発行所	株式会社 宮崎中央新聞社
発売所	株式会社 ごま書房新社 〒167-0051 東京都杉並区荻窪4丁目32-3 AKオギクボビル201 TEL 03-6910-0481（代） FAX 03-6910-0482
カバーデザイン	はなうた活版堂　脇川 彰記
DTP	重春 文香
印刷・製本	精文堂印刷株式会社

© Morihito Mizutani, 2023, Printed in Japan
ISBN978-4-341-17241-1 C0030

人生を変える
本との出会い

ごま書房新社のホームページ
https://gomashobo.com/
※または、「ごま書房新社」で検索

人生を
面白がっている
あなたに朗報！

人生がワクワクし
感性磨かれる情報、ここにあり！

“日本講演新聞” は人生に役立つヒントが載っている
唯一無二の週刊誌です

読者様に愛されて 31 年 ！ とってもまじめな新聞です

ま い週
まじめに届けます

じ ょう熱だけは
負けません

め 指すは
心のサプリメント

読者さまの声

- AI が私の傾向を読み取り、同じような情報としか出会いにくい今ですが、自分の情報の枠を超えた世界を教えてくれます。 広島県 Y.H 様
- 生きていくうえでの、原理原則、本質、真理を分かりやすく伝えていてます。枯れた気持ちに力が湧き元気になります。 大阪府 T. M 様
- 全く別の世界で活躍している方の声を聞くことができ、仕事、私生活において大変参考になります。読んで人生が豊かになりました。 福岡県 Y.T 様

ここから始まる
ワクワクをあなたにも
詳細

GO!